キリスト教と文明

エーミル・ブルンナー
熊沢義宣訳

白水社

ブルンナー　キリスト教と文明

EMIL BRUNNER
Christianity and Civilization
First Part : Foundations
Nisbet & Co., Ltd, London, 1948

キリスト教と文明　目次

装幀＝東　幸央

一九四七年セント・アンドルーズ大学におけるギッフォード講演

はじめに

およそ一冊の書物を刊行するにあたり、私は一九四七年の二月から三月にかけて、セント・アンドルーズ大学でなされた、このギッフォード講演の第一部を公けにするときほど、感情の葛藤を感じたことはかつてありませんでした。一方において、私はもう長年のあいだ、キリスト教的な文明基礎論を企てることなどは、とくに、プロテスタント教会の状況と責任とを考慮にいれる場合、もう手遅れだと確信していました。本当に、そのようなことは、もうとっくになされていなくてはならなかったのです。実際には避けてしまっていたとしても、それは回避されるべき事柄ではなかったのです。私は、もう遅すぎるとさえ感じたことがありました。しかし、いずれにせよ、もしも神の憐れみによって、私たちになお息づくゆとりがあたえられるなら、そうして、もしも神が、この地球上の文明生活がさし迫って終局の日を迎えるかもしれないという可能性にさらされながら、古い廃墟のうえに新しいヨーロッパ文明を形成する機会をもう一度私たちにあたえてくださるとすれば、キリスト教は途方もなく大きな責任をもつことになりましょう。

この書物において、私は、キリスト教だけが、真に人間的《ヒューマン》なものと正当にいえるような文明の基礎をあたえることができるという、私の確信を系統だてて明らかにし、正当化しようと努めました。さまざまな異なった領域におけるキリスト教と文明の関係についてのはっきりとした概念が、そのような課題を果たすために、このうえもなく大切だということは明らかです。それゆえ、なされなくてはならない仕事が広大で困難であるのにくらべて、たとい手持ちの材料が適切でないとしても、だれかがそれを始めなくてはならないのです。

まさに、このようなのがれようもない切迫感が、基礎的な諸前提をとりあつかっている、私の講演の第一部の出版を急ぐようにと、私を駆りたてたのです。しかし、もしも、私の聴衆の多大な自発的な励ましがなかったとしたら、とりわけ、一致してこの第一部がただちに出版されるべきであるという意見であったように思われたセント・アンドルーズ大学の同僚のかたがたの励ましがなかったとしたら、私は容易に自分のためらいを克服することができなかったでしょう。

他方において、この問題を全体として考えれば考えるほど、私はその問題が広大であるということと、それをとりあつかう私のそなえが不十分であるということとのあいだにある不均衡というものに驚かされました。私は自分の主要な命題については確信をもっており、なんら不安な気持をもってはいませんが、私の議論のこまかい部分、とりわけ、その歴史的な部分が、哲学史の専門家であれ、文明史の専門家であれ、そのような専門家のかたがたの批判をうける発端となるようなものを数多く提供しているのではないか、といささかおそれております。私の講演の配置は主題的もしくは体系的になっていて、歴史的にはなっていませんので、それぞれの章においてどうしても多少なりともヨーロッパ史全体を辿《たど》らなくてはなりませんし、これでは童話にでてくる一歩で七里も歩けるという七里ぐつの話よろしく、大まかなものとならざるをえません。歴史家というものは、歴史的現実のもっている多様な局面や事実を正当にとりあつかうことのできない、そのような概観をいみ嫌う権利をあたえられています。単純化ということはすべての学問にとって必要なことですし、単純化は学問の本質そのものである、とさえもいえるでしょう。しかし、単純化しすぎることは、いろいろな点からいって、正当化されるものではありません。私も単純化という操作において、あるいは過ちをおかしていることもありはしないかとおそれています。

私は、さらに、自分のとりあつかっているそれぞれの主題のもっている重要性と、それらをいくつかの章に分けてとりあつかっている場合に、あまりにも簡潔でスケッチ風になりすぎていることとのあいだに――一章がちょうど一時間の講演の分量になっているのですが――最もあざやかな不均衡を感じています。学者としての立場から考えれば、それらの主題の一つだけをえらんで、多少なりとも徹底的にとりあつかうようにしたほうが好ましかったでしょう。しかし、もしもそうしたとすれば、この講演の主要な目的、すなわち、さまざまな視点のもとに、私たちの文明というものがキリスト教的な基盤という同じ土台に基本的に依存しているのだということを示すという、それとは正反対の目的が達成されなかったでしょう。そこで私は、読者のかたがたがこの主要な目的を心にとめて、それに由来する避けえない限界をおゆるしいただきたいと思います。

私の見るところでは、学問的な意識には二つの種類があるようです。一つは、もちまえの深さへの可能性をどこまでも追っていく特殊化を要求するものであり、もう一つは、皮相的になるという危険をおかしながら、あえて綜合化をおこなうようによびかけるものです。最近一世紀のヨーロッパ精神は、全面的・排他的に前者の線にそって展開されてきたために、綜合化へのどのような企ても、傲慢のしるし、無責任なしろうと学問のしるしとみなされてきました。しかし、どんな犠牲を払っても、あえて綜合化の危険をおかさなくてはならないとき――そうして、私たちのときこそまさしくそのようなときなのですが――というものもあります。あえて、そのような冒険をおかすものは、たぶん、それだけの罰をうけ、非学問的で未熟な厚かましさといったそしりを甘んじてうけなくてはならないでしょう。しかし、なお、私は高度な学問的な誠実さをそなえた人びとのなかにも、綜合化への試みが、このような人びとの水準にたいする敬意を欠いていたためにおこったのでもなく、また、血気にはやる無作法さからおこったものでもなく、そのような企てを促進するものは、まさしく、やむにやまれない至上命令をうけているという気持だということを見とることのできる人びともいるだろう、という望みを抑えつけることができないのです。すでに、特定の主題についての大部の論文を少なからず出版した者として、このようなうったえが、どうか誤解されることがないようにという願いをもつ権利をあたえていただけるものと思います。

　このような綜合化の冒険をしている、これらの講演の主題がもっている特殊性から、私のこれまでの書物には、むしろつけすぎていた感のある《学問的な注》が、今回ははなはだ簡単であるというのも正当な理由のあることだということをご了解いただけるものと思います。本書でとりあつかっている範囲はきわめて広大であるために、完全な考証は不可能ですし、むしろ、あえてそのようなことを企てないほうが誠実だと私には思えたのです。

　最後に、私は、ギッフォード講演者として招いてくださったセント・アンドルーズ大学理事会と、私を受けいれ、すばらしい、歴史的な町〔スコットランドのアバディーンのこと〕でくつろいだ日々をおくらせてくださった教職員、とりわけ、神学部のかたがたの特別なご好意、ご厚情にたいする深い感謝をあらわしたいと思います。

E・B〔エーミル・ブルンナー〕

一　序論——キリスト教文明の問題

危機にひんしているキリスト教文明

チャーチル氏〔ウィンストン・チャーチル。一八七四—一九六五〕が歴史上一時期を画するようなときにおいて、それ自身、キリスト教文明の存続についての歴史を形づくった発言をして以来、キリスト教文明という理念と、それが高度に危険にさらされているということは、西欧諸国においては周知のこととなっています。私たちは十五世紀ほどの歴史の流れにおいて、キリスト教文明といったようなものが創造され、このキリスト教文明なるものが今日、あやうくなり、その存続が疑問視されるようになってきていることに気がついています。チャーチル氏の警告は、英国の戦いが勝利をもって終わった今日においてもなお、いぜんとしてまったく正確だといわなくてはなりません。なぜかといえば、このキリスト教文明の基礎が危機にさらされている圧力というものは、不幸なことには、それ以後、減少しているどころか、むしろ増大してきているからです。しかし、記憶していなくてはならないことは、この危険というものは、過去のある時代において必ずきわめてはげしい形で存在していたにちがいないということなのです。世界が、それまでは未知の人間であった、孤独な思想家、アドルフ・ヒトラー〔一八八九—一九四五〕の名前をきく以前に、オスヴァルト・シュペングラー〔一八八〇—一九三六〕なる人物が、ほとんど黙示文学的な表題をもった、人びとの耳目をそばだてるような書物『西洋の没落』をかいているのです。(1) 過去何世紀かにわたるヨーロッパ史の分析にもとづいて、西洋の文化的伝統の終末についてなされた彼の不吉な予言は、精神力や精神的な価値が、西洋世界の表情や性格を決定するような時代がすぎ去ったことを意味するものと理解されます。新しい時代が始まっているのです。そこにおいては、学者、芸術家、先覚者、聖人などにかわって、軍人、技術家、政治権力をもった人間などが登場してきます。それは、もはや真の文化をうみだすことができず、ただ、外面的な技術文明しかうみだすことができない時代なのです。しかし、シュペングラーでさえも、未来についてこのような陰鬱な考えを述べた最初の人間であった、というわけではありません。

(1)〔訳注〕 オスヴァルト・シュペングラーはドイツの文化哲学者。『西洋の没落——世界史の形態学概論』(二巻、一九一八—二二)は、人類の諸文化は生成、開花期をむかえたのちは死滅するのであり、キリスト教文化も終末に近づいてきていると予言し、とくに第一次世界大戦後のヨーロッパで大きな反響をよんだ。

シュペングラーよりも五十年前に、スイスの偉大な歴史家、ヤーコプ・ブルクハルト〔一八一八—一八九七〕は、シュペングラーのものとくらべてみて、まさるともおとらないほどに恐るべき、西洋世界の未来図をえがきだしています。(1) 彼は、死後五十年たった今日、ますますヨーロッパ大陸における、文明史の最も偉大な解釈者であると、考えられるようになってきています。ブルクハルトのこの未来図は、シュペングラーのものと同様に、自分の立場を大衆心理学を用いて手に入れ、保全し、残忍な軍国主義と帝国主義によってあらゆる精神文化を絶滅させてしまう、政治的・軍事的な独裁者の姿によって占められています。その当時、このような預言的な精神をもった人物によって、恐るべき未来として見通されたことが、その間において、いっそう陰鬱な現実となってきているのです。もっとも、感謝すべきことには、今日までにはただ部分的な現実になっているにすぎないとしても。

（1） ヤーコプ・ブルクハルト「プレーンへの手紙」（一八八九年七月二四日）。

半世紀以上もまえに、その時代の性格について完全に目ざめていたひとりの人間が、私たちが経験した破局を見通すことができたという単純な事実は、ここ数十年のあいだに私たちが経験してきたような、非人間性、無法性、人格無視などといったことが突如として起こってきた背後には、深い歴史的な根があるはずだ、ということを示しています。なるほど、このような反精神的・反文化的な諸力の勃発は、まずボルシェヴィスト〔多数派という意味。ロシア社会民主党の多数派、ソビエト共産党員のこと〕においてあらわれ、ついでファシスト〔イタリアの独裁的国家社会主義者〕においてあらわれ、ついには国家社会主義《ナチス》革命において決定的にあらわれたわけですが、それらは、西洋世界の他の部分においてはまったく思いがけない驚きとして到来し、完全な当惑をのこしていきました。しかしなお、これらの出来事をふり返ってみるとき、このようなまったくの驚きや恐れの気持というものは、過去数世紀の精神的な進化の度合が緩慢で見るべきものがなかった、という事実からみて全体的に正当化されるものではないとしても、それでも、このような勃発のための明白な布石となっていたことは認められなくてはなりません。もしも、一体全体、どうしてこのような非人間性、無法性、全体主義的な人格無視などといったことがすべて起こりえたのであろうかという、ここ何年ものあいだ、たしかに数多くの人びとが問いつづけてきたことを私たちが問いかけるとすれば、その答えは明快なものであらざるをえない、と私は思います。精神的な視点からみた場合、過去三世紀は、西洋文明全体の中心的・基礎的な理念である、人間の尊厳ということがしだいにそこなわれ、弱められてきた歴史を示しています。[1] 西洋文化は、過去千年以上ものあいだ、人間は神の像として創造されている、というキリスト教の理念にもとづいてきました。この中心的な聖書の理念は各個人の永遠の精神的な定めをふくんでいるとともに、自由な交わりを形づくっていく人類の定めをふくんでいました。啓蒙主義とともに、西洋の生活の全構造が依存していたこの理念が疑問視されるようになってきたのです。

（1） ホイジンハ『明日のかげのもとに』（『ホモ・ルーデンス』の著者としてわが国でも知られているヨハン・ホイジンハ（一八七二—一九四五）はオランダの歴史家。『明日のかげのもとに』は一九三五年に出版されている）。

キリスト教的な理念にとってかわったものは、はじめは、もはやはっきりとしたキリスト教的な有神論ではありませんが、ともかくも、なおかつ宗教的な有神論でした。それから、さらにキリスト教的な基礎に由来する超越主義もしくは理想主義がそれにとってかわりました。それは、もはや、はっきりと有神論的な性格をもっていたわけではありませんでしたが、なおかつ、形而上学的な性格をとどめていました。前世紀の中ごろになると、自由と文明の実証主義哲学が、理想主義的な人道主義《ヒューマニズム》ととりかわりました。これはどのような形而上学的な前提をも認めず、自然的な前提だけを認めるものです。この実証主義の番になってから、ますます、その人道主義的《ヒューマニスティック》な内容がうしなわれて、自然主義的な哲学になっていったのも驚くにたることではありません。自然主義的な哲学にとっては、人間は高度に発達した動物、大脳を用いてものごとを考えることのできる動物にすぎず、人間の尊厳とか、人権とか、人格といったことがなんらの基礎づけをもたないのは、まさしく、このような人間観なのです。十九世紀初頭の、りっぱなキリスト教的な自由の哲学者であったバンジャマン・コンスタン〔一七六七—一八三〇。コンスタン・ド・ルベックともいう〕は近代史の経過全体の本質をつぎの三つの言葉で包括しています。《神的なものから、人間的なものをへて、獣的なものへ》(De la divinité par l'humanité à la bestialité)。非人間性、無法性、人格無視の集産主義などといったことを実際におこなう全体主義革命は、いわゆる実証主義哲学の執行者にほかならなかったのです。この実証主義哲学は、実際問題として、潜在的なニヒリズムであり、前世紀の終わりごろから今世紀のはじめにかけて、私たちの大学の支配的な哲学となり、社会において教養のある、指導階層のもっている世界観のうちにある主要な要因となったのです。カール・マルクス〔一八一八—一八八三〕の要請としての無神論と、フリートリヒ・ニーチェ〔一八四四—一九〇〇〕の熱情的な無神論は、一方においてはボルシェヴィズム、他方においては国家社会主義《ナチズム》やファシズムにおける全体主義革命の、直接の精神的前提であると考えてよいでしょう。つまり、西洋で普及している哲学は、多少なりとも虚無主義的になってきているのです(1)。もう一度、チャーチル氏の言葉を用いるならば、このような種から、私たちの世代が、血と涙とをもって刈りとらなくてはならない収穫物が生じてきたというのも、なにも不思議ではないわけです。

(1) いうまでもないことだが、ヨーロッパ諸国の多くにおいて、なお、かなりのキリスト教的な伝統や、理想主義的な思考が残っている。だが、主流はまったく逆の方向へむかっているのである。

過去数世紀の精神史を、このように大まかに辿ることは、明らかに、現実を強いて単純化していることになるわけですが、しかし、いったい、そうしてはいけない理由でもあるのでしょうか。もしも、それが一方的であるにもかかわらず、なにか本質的なことを表現しているとすれば、それで十分でありましょう。私個人としては、実はそれ以上のことをあらわしているのだと主張しなくてはならないと考えています。それはなにか本質的なことを表現しているだけではなく、それ自体がまさしく本質的なのです。全体としていえば、西洋の世界は、キリスト教的な出発点から離れて、自然主義的な、それゆえに、虚無主義的な目標にむかって進んでいく、というこの方向に動いてきました。そうして、このような進化は全体主義的な革命と、全体主義国家の形成という結果に終わらないわけにはいかないのです。そのような国家の一つが、戦争のなかから、勝どきをあげて生まれてきています。それゆえ、国家社会主義《ナチズム》とのたたかいにおいて生死をかけた問題となり、主として東ヨーロッパにおいて勝ちほこっている全体主義的な勢力のことを考えてみた場合、なおかつ、生死をかけた問題となっている西洋文明の危機は、その根底において宗教的な危機なのです。チャーチル氏の言葉によれば、西洋文明は、それがなにを意味しようとも、ともかくも、キリスト教文明なのです。したがって、過去数世紀の歴史と現代の特色となっているキリスト教からますます離れていくといったことは、西洋文明全体にとっての根本的な危機を意味せざるをえないのです。この根底における危機は、文明の最も深い基礎であるキリスト教信仰というものが、ヨーロッパやアメリカの諸国民の意識において動揺し、この世界のある部分においては、動揺どころか、粉砕され、絶滅さえもされているという事実の結果にほかなりません。

西洋文明にたいするキリスト教の貢献

いままで申しあげてきたような否定的な命題は、実はその反面に、キリスト教文明という概念そのもののなかにふくまれている積極的な命題を前提としているのです。すなわち、それはある意味では無限に、しかも、きわめて現実的に、西洋文明は過去においてキリスト教的であったし、それは存続しているかぎり、キリスト教的であるということなのです。両者はお互いに他方を必要としているとはいえ、やはりこの積極的な命題を論証し、正当化することのほうが、最初の否定的な命題について論ずるよりも、もっと愉快なことです。キリスト教信仰の観点からいえば、キリスト教文化という言葉を大胆に、無批判に用いることには問題もあるでしょうが、私たちの歴史を知っている人はだれしも、とくに西洋文化の宝庫にたいして、キリスト教が計りしれない貢献をしていることを否定することはできません。もちろん、私たちは、かつて、キリスト教的ヨーロッパというものが存在していたという幻想におちいらないように用心しなくてはなりません。もしも、みなさんがキリスト者という言葉を、新約聖書のなかで具体化されているように完全な意味で理解するならば、使徒たちの教えが前提としているような、イエス・キリストの真実な弟子は、ヨーロッパ史のすべての世紀を通して、西洋世界全体のなかにおいては少数者であったわけです。しかし、たといその生活が彼らによって、ほんの少し表面的にふれられたにすぎないようなところでも、あるいは、彼らの存在がはなはだ水増しされた、純粋でない仕方でしかあらわされていないようなところにおいてさえ、彼らが文化的な世界において有力な要因であったということこそ、まさしく、人間を超えた方《かた》の力と、キリスト教信仰の現実と新約聖書の使信《メッセージ》のあらわれにほかなりません。

　だれでも西洋の文化史を学ぶものにたいして、示された事実としてみずからを印象づけるものこそ、まさしく、神の力とキリスト教信仰の現実と新約聖書の使信とが有力な要因であるという、その事実なのであって、けっしてただ、多くのヨーロッパの都市のシルエットを支配しているロマネスクやゴティックの大寺院、サン・マルコ修道院におけるフラ・アンジェリコ〔一三八七－一四五五〕やシスティナ礼拝堂におけるミケランジェロ〔一四七五－一五六四〕のフレスコ、ミルトン〔一六〇八－一六七四〕の『失楽園』、レンブラント〔一六〇六－一六六九〕の聖書物語の版画、バッハ〔一六八五－一七五〇〕の聖マタイ〔福音書〕による受難曲だけではないのです。それらは聖書をぬきにしては考えられませんし、教会がこの聖書を翻訳し、保存し、普及した、という事実をぬきにしては考えられません。私たちの民主的な国家形態も、公立、私立の慈善施設、イギリスやアメリカの諸大学における一般教養学部《カレジ》、おびただしい、心理学、哲学、文化の用語のなかの最も重要な諸概念は、直接、間接にキリスト教の伝統や、キリスト教的な考え方、感じ方、目的意識などといったものから生じてきたものです。キリスト教会が何世紀にもわたって教育《エデュケーション》・教授《インストラクション》を独占し、印刷術の発明が主として聖書の普及に貢献し、何世紀ものあいだ、最も有名な高等教育の諸機関がキリスト教共同体や教会によって、主としてキリスト教の知識を広めるために設立されたものであったということは、けっして理由のないことではなかったのです。これらすべてのことは、もしも、私たちが、十九世紀まではヨーロッパの人間はだれでもみな赤ん坊のときにバプテスマ（洗礼）をうけ、キリスト教会によって自分で自覚的に信仰を告白する堅信礼のための教授をうけてきたという事実や、さらに、すくなくとも表面的な意味においては、聖書の使信の内容はほとんどだれにでも信ぜられ、真偽、善悪、望ましいことと望ましくないことを定めるその判断を形づくってきたという事実を考えあわせるとき、容易に理解されることでしょう。たしかに、いつの時代にも、うたがいぶかい懐疑的な人間や異端がいました。しかし、彼らはそのようなものとして、自分たちを示すことはできませんでした。たしかに、おそらくはいつの時代にも、多数の無関心で生ぬるい、名前だけのキリスト者がいたことでしょう。だが、それでも、彼らは教理と信仰の不断の伝統のなかにたち、彼らが良心的に行動したにせよ、しなかったにせよ、彼らの良心は聖書の戒めによって形づくられていたのです。十八世紀の終わりごろでさえ、否定的・懐疑的な態度をともなった典型的な啓蒙思想は、社会的な地位の高い階層の人びとのうちの、ごくかぎられた少数者にしか受けいれられてはいなかったのです。大衆は、教養のある男女の大部分でさえも、たといそのなかで福音が水増しされたり、変形されたり、そこなわれたりしていたにせよ、いつも聖書的・キリスト教的な伝統の範囲でものごとを考えていたのです。それゆえ、そのようなヨーロッパ諸国の世界では、文明はその内容、規範、価値観などにおいて、キリスト教信仰によって深い影響をうけ、決定され、導かれてきたということは、自明なことなのです。文明史はまだキリスト教的なものとして書かれたことはありません。しかし、だれでも多少でもそれについての知識をもっており、ヨーロッパ文化に与《あずか》ったことのある人ならば、このような歴史のなかから把握したものによって、《西洋のキリスト教文明》といううたい文句を、その事実にたいする解釈がどんなにちがっていても、すくなくとも否定できない事実であるという意味で十分に正当化することができるでしょう。

新約聖書はこの問題に興味をもたないように思われる

しかし、このような序論的な概観においてさえも、私はキリスト教文明という言葉でまとめられる事実だけではなく、このような表現様式のなかにふくまれている、深い、手のつけようもない問題についても指摘しておくことが必要であるように思います。キリスト教文明という概念が、どんなにか問題の多いものでありうるかということは、キリスト教信仰と、文明という二つの面からみていくことができます。まず第一の面からみていくことにしましょう。だれでも、キリスト教信仰もしくはキリスト教の教えと、文明ないしは文化の関係について、最も権威のある資料から教示をえたいという意図をもって新約聖書に近づく人は、例外なく驚き、当惑し、失望さえもさせられてしまいます(1)。福音書も使徒たちの手紙も、イエス自身の教えも彼の弟子たちの教えも、どのようにしてもこの関係を探究するように私たちを励ましてはくれないように思われます。イエスは神の国とその義、その到来、その本質とそれに参与する条件などについて、私たちが文明ないし文化という用語にふくめてのべている、これらのどのような事柄にたいする、いかなる関心にももとらないように思える仕方で教えています。ところがまったく逆なのです。一方的とまではいわなくても、イエス自身の心はきわめてはっきりと、私たちが文明という言葉によって理解するものとはなにかまったくちがったある一つの目標——それをなんと表現しようとも——にむかってむけられています。イエスはまた自分の弟子たちにたいしても、同じようにはっきりとした、非妥協的な態度と方向性をもとめています。前世紀において、神の国についてのイエスの教えが、私たちの社会的・文化的な諸問題とひじょうに似かよった仕方でしばしば解釈されたことは本当です。しかし、それは過去のことであって、現在ではそうではありません。新約聖書の学者たちは今日みんな、十九世紀の解釈は、私たちがそれを好もうと、好まないとにかかわらず、歴史的な事実を歪曲しているのだということを認めることでしょう。(2) みなさんが神の国というものを、むしろ現在の事実として理解しようと、それともなにか来たるべきものとして理解しようと、いずれにしても、神の国というのは文明の領域をまったく超越している現実なのです。その内実は《終末のもの《エスカトン》》(ἔσχατον)、つまり、究極的で絶対的なもの、完全なもの、真に神的なもの、あらゆる人間的な相対性とは区別されるものなのです。この神の国の福音は、文化的な価値や社会制度などにいっさいふれることなく、その最も深い秘義においてもたれる人間の神との関係と、最も人格的で親密な意味での対人関係に関心をもっています。しかし、この神の国の教えは、イエスの福音のすべてであり、最後的なものであって、そこにはそれ以外のなにものも、芸術とか、教育とか、科学とか、社会的・政治的な秩序とかといった大切ではあるが、一時的で世俗的ないっさいのものを入れる余地はまったくありません。それでは、だれでもこのイエスの福音からキリスト教的な真理の基準をえようとするものにとって、なにかキリスト教文明論のようなものを企てることなど、いったいどうしてできるというのでしょうか。

(1) ジョン・ベーリーの一九四五年のリドル講演「キリスト教文明とはなにか」参照。私はこれに多くを負うている。

(2) アルベルト・シュヴァイツァー『イエス伝研究史』。

聖書の最後の書物、ヨハネ黙示録が表現している、キリスト者の生活と信仰の理解について申しのべるまでもなく、私たちが使徒たちの手紙のなかで見いだす描写も、どうも、私たちをはげますようなものではありません。キリスト者の思想や感情が問題としているものは、もはやはっきりとした形で神の国の宣教ではなくて、救い、イエス・キリストにおける永遠の生命、キリストの来臨《パルーシア》（παρουσία）によるすべてのものの完成、罪の赦《ゆる》しの福音、神の審判、信仰者の心とキリスト教的共同体における聖霊の働きについての説教なのです。焦点となっているのは、復活や、来たるべき最後の審判や、あらゆるものがその歴史的な存在を超えて回復され、完全なものにされるのだということについての宣教なのです。これらすべての事柄が、文化生活の諸問題と課題にとって、いったいどんなかかわりがあるというのでしょうか。いずれにしても、そのようなことが、はっきりとした形で教えの主題となったことは、ついぞなかったのです。この原則にたいする、きわめて大切ではあるが、短い、二、三の例外はあるにはあります。たとえば、国家、結婚と家庭、親子関係、主人と奴隷の関係についての解説などです。しかし、これでほとんど全部なのです。そうして、もしもみなさんがこの最後にのべたこと、つまり奴隷制の問題をとりあげるなら、失望の度合はいっそう大きなものとなることでしょう。なぜかといえば、人間の尊厳と自由という原則に矛盾する制度としての奴隷問題について、なに一つとしてのべられてはいないからなのです。むしろ、反対に、私たちはそこで、奴隷たちにたいして、自分の運命に満足をし、主人に忠実にしたがうようにという勧告を見いだすのです。それゆえ、この事実を無関心のせいにするか、この世の終末がただちにくるのだという期待に帰するか、それともなにかほかに原因をもとめるにせよ、この研究の結果は、キリスト教文明論ということに関してはまったく否定的であるように思われます。

キリスト教以前の文明は、高度の文明がキリスト教と無関係であることを示している

もしも、みなさんがキリスト教と文明の関係を別の面から、つまり、文明の面からみていくとすれば、似たような結果がえられるように思われます。キリスト教が世界史のなかにはいってくる以前の文明史を概観するとすれば、私たちが公平でありたければ、キリスト教以前の時代の文明が、キリスト教によってのみ導入されると思われる本質的な要素を欠いていないように思えることを認めないわけにはいきません。文明と文化とは、私たち自身の手持の資源であるキリスト教と、まったく無関係に生きているように見えます。いったい、だれが古代のエジプト、インド、中国の文明のすばらしさを否定するでしょうか。これらの諸国は、キリストにおける神の啓示や、旧約聖書における預言者たちの教えについて、なんらの知識をもつことなく、すばらしい芸術、すぐれた法律や国家の制度、かがやかしい教育体系や洗練された文化などをもっていたのです。そうして、最高の文化をほこっていた古典民族、ギリシア人の場合はどうでしょうか。建築や彫刻、叙事詩、抒情詩、劇詩などにおいて古代ギリシアが達成したことを、だれかがいままでかつて、どこかでしのいだことがあったでしょうか。もっと後の時代において、ギリシア人の科学的な心がもっていた強烈さや普遍性とくらべることのできるものがあるでしょうか。たとえば、ひとりだけ名前をあげるとすれば、アリストテレス〔前三八四―三二二〕とくらべることのできる人物が、かつていたことがあるでしょうか。彼こそは、学問の多くの異なった部門を創造し、自由に自分のものとし、それらに最初の一撃をあたえただけで、最高の古典的な完成にまでもたらした人物だったのです。あるいは、私たちはそれよりも、もっと目だたない文化的な価値について考えてみることもゆるされるでしょう。どのような

後の世代が、洗練された行儀作法、活発な社交性、あらゆる高貴なものについて感受性のつよい、あの人道主義《ヒューマニズム》の発展において、ギリシア人よりもすぐれていたというのでしょうか。パンテオンやギリシア悲劇をうみだしたアテネは、また、世界で最も古い民主主義の発生の地ではなかったでしょうか。あらゆる、後の世代の哲学者たちは、なにか価値あるものをうみだそうとするならば、まず、パルメニデス〔前五〇〇(四七五)―?〕、プラトン〔前四二七―三四七〕、アリストテレスの弟子となり、生涯その学校にとどまっていなくてはならないのではないでしょうか。そうして、これらはみな、なんと、イエス・キリストよりも数百年もまえのことなのです。

この事実は、最初のキリスト教神学者〔二世紀における、ギリシアの弁証家のこと〕たちを混乱させ、ギリシアの哲学者たちは、その哲学の最もすぐれている部分を、未知の歴史的な媒介によって、モーセやイスラエルの預言者たちから学んだのであるという仮設をたてるように導いていったのです。私たちは今日、そうではないことを知っています。私たちは、歴史が知っている、文化と文明の最高峰は、聖書の啓示の影響をなんらうけることなしに発達したのだという事実に満足しなくてはならず、私たちがキリスト教と文明の関係について語るときにはいつも、この事実を目のまえにおいていなくてはならないことでしょう。(1)

(1) たといJ・ビデがそのギッフォード講演(「エオス(ギリシア神話に出てくるあけぼのの女神)あるいは、プラトンとオリエント」一九四五)で主張しているように、近年通常なされている以上に、プラトンとオリエントの知恵との結びつきについての古代の伝承を重んずるとしても、われわれはヘブルの預言者の資料の側《がわ》からの影響をたどることはまったくできない。これがフィロン(前三〇頃―後四五頃。アレクサンドリアのフィロンのこと)以前におけるヘレニズム哲学、たとえばポセイドニオス(前一三五頃―五一)などを考えた場合でも、果たしてそういえるかどうかは、いまだ定めがたい問題であると見られよう。

あらゆる文明の根底によこたわっている基本的な諸問題にたいするキリスト教的な解答とはなにか

一方においては、西洋史におけるキリスト教と文明との密接な関係や、私たちの文明にたいするキリスト教の基本的な重要性といった結果と、他方においては、新約聖書からも、キリスト教以前の歴史からもうかがわれるように、キリスト教と文明とがお互いに独自なものであり、無関心であるという、私たちの考察からでてきたこれらの二つの結果をいまいっしょにするとすれば、キリスト教文明の問題は、安価な解決などはまったく不可能であるといった仕方で、強化され、深められることでしょう。キリスト教文明という概念のなかにふくまれている綜合が問題だらけであるということや、このような表現がひじょうに用心して用いられなくてはならないといったことなどは、はじめからたいそうあきらかなことでした。そこで、私たちは手をつけはじめたときから、まるでソクラテス〔前四七〇―三九九〕のような状況にいるのです。つまり、私たちは、キリスト教文明というものがなんであり、また、なんでありうるのかということを知らないことを知っているのです。私たちは、簡単に応用されるべき、できあいのプログラムなどは持ち合わせていないことを知っているのです。

たしかに、キリスト教文明の保全に関するチャーチル氏の言葉に示されるような実際的な課題は存在しますし、このうえもない注意と努力とをもとめています。これらの言葉が語られたときには、全ヨーロッパは安堵のため息をもらしました。しかし、私たちは政治家ではありませんし、私たちの課題は、たしかに実際的な関心をはなれてあるのではないにしても、直接に実際的なものではなくて理論的なものなのです。それゆえ、政治家からは期待することのできないなにごとかが、私たちから期待されるのです。そうして、私たちが、彼らの仕事ではなくて、自分たちの仕事をすることにたいして、強烈な興味をもつ政治家もいるかもしれないのです。

　そこで、私はこの講演においては、あまりにも大胆だと思われるような道をたどることを提案したいと思います。このような道の困難さは、私たちには周知のことですので、そこへはいりこむことにたいしては長いあいだためらいを感じていました。しかし、それは他のおなじみのものよりも、問題の深みに達するためには、さらにいささか適切であるように思われます。手短かに、その概略をのべさせていただきましょう。

　もしも、私たちが文化《カルチャー》もしくは文明《シヴィライゼーション》によって——目下のところはこれらの概念を区別しないこととして——、人間の生活がそれらによって自己保存とか、種の保存とかといった動物界もしくは生物界の領域をこえる生産物および生産力の総体を理解しているとすれば、そうして、もしも、私たちがそのような文化もしくは文明が決定されるのは、どのような要因によってであるのかをたずねるとすれば、それらの要因は次の三つの見出しによってふくまれ、そのような仕方で、本質的なものがなに一つ失われなくてすむように思えます。まず第一に、文明は国家の形成のように、気候とか、生存しつづける可能性などといった自然的な諸要因によって決定されます。人間の生活は、この与えられた枠のなかで発展していかなくてはならないのです。第二に、文明は与えられた地域における人間の肉体的・精神的な装備、つまり、彼らの肉体的・精神的な能力、彼らの生命力、エネルギー、才能などによって決定されます。私たちは、これらの二つのものを外面的・内面的に《与えられている》ものとして、いっしょにすることができます。人間の決定や自由ではどうにもならない、これらの与えられた諸要因のほかに、特別な性格をもったある種の文明の形成にとって、これらと同じように重要な、第三の要因があります。すなわち、それは宗教的・倫理的な性格をもった精神的な前提なのです。それ自体は文化ではありませんが、私たちはそれをそれぞれの文化がもっている超文化的諸前提とよぶことがゆるされるでしょう。この第三の要因は、歴史的自由の領域、人間の自由な自己決定にたいして開かれている領域のうちにあります。自然的な諸条件が同一であり、肉体的・精神的な能力が同じであると仮定しても、もしも、この第三の要因、つまり超文化的諸前提がちがっていれば、二つの文化は異なった発展をしていくでしょう。キリスト教のような精神的な力が、文化の領域のなかにはいりこんで、それに特定の方向と性格とをあたえることを可能にするのが、まさしく、この第三の要因なのです。もう一度、二つの国民の自然的な条件や肉体的・精神的な能力が同じだと仮定しても、もしも、一つの国民がキリスト教という宗教によって支配的な導きをうけ、もう一つの国民がその超文化的要因を形づくっている他の宗教もしくは非宗教的な生の概念をもっている場合には、そのなかにある文化や文明はいちじるしくちがったものになることでしょう。そこで、この第三の要因こそは、キリスト教信仰というものが、それにとってかわるものと区別されて、妥当性をもつようになるものなのです。

さて、この第三の部類のなかに、人間の実存に関するかずかずの根本的な問題があります。それらは、キリスト教的な仕方においてであれ、非キリスト教的な仕方においてであれ、いずれにせよ、答えられなくてはなりませんし、また、実際に答えられているのです。それらは存在や、真理や、意味や、その他の問題なのです。私たちが、それらに気がついていようと、いまいと、これらの問題は厳然として存在するのであり、それらは答えられなくてはならないし、その答えなくてすませるわけにはいかないのです。これらの超文化的諸要因は働く要因なのであり、それらは全体として、どのような既存の文明においても決定的な要素の一つとなっているのです。

キリスト教の神学者たちや、理想主義的な哲学者たち(1)によって、しばしばなされてきたように、これらの精神的な要素を、これ一つといったような決定的な要因と考えることが誤りであるのと同様に、自然主義者や実証主義哲学者たちによって、しばしばなされてきたように、それらをまったく考慮に入れなかったり、あるいはその重要性を過小評価したりすることも誤りです。一方において、二つの地域が、たとい、キリスト教といったような精神的な要因によって決定されているとしても、自然条件や肉体的な力、精神的な資質などがちがっていると仮定すれば、文明はちがうものになるかもしれないということがはっきりといわれなくてはなりません。しかし、他方において、自然条件、肉体的・精神的な能力などが同じであったとしても、二つの特定な地域において、文明がちがうこともありうるということもいっておかなくてはなりません。すなわち、これらの三つのグループの諸要因は、いずれも文明の表情と内容にとって決定的なものとなっているのです。私たちは文明というものによって、芸術や、科学や、精神文化といったせまい範囲のことだけを理解しているのではなくて、経済的・政治的な諸形態や諸制度のことをも考えているのです。それゆえ、私たちは、この一番の出発点のところから、第三の要因だけしか考慮にいれない、一方的に精神的な解釈も、また、自然や人間の自然的能力においてあたえられている決定的な諸要因だけしか考慮にいれない、一方的に自然主義的な解釈をもしりぞけるのです。このような《先天的《ア・プリオリ》》(a priori)な出発点の正当性は、これからの講演の経過のなかでだけ示されることができるでしょう。

(1) ヘーゲル〔一七七〇―一八三一〕『歴史哲学』参照。われわれは、マックス・ヴェーバー〔一八六四―一九二〇〕の『宗教社会学』が、二つの極端のあいだに《ほどよい緩衝地帯》(juste milieu)をたもつことにより、というよりは、物質的な現実にたいしても、精神的な現実にたいしても正当なとりあつかいをすることにより、新しい、最も実りのゆたかな方向を開いたことで満足すべきだろう。だが、今日にいたるまで、マックス・ヴェーバーの『宗教社会学』は、彼自身の国〔ドイツ〕においても、他の諸国においてもそれに値するようなとりあつかいをうけていない。

しかし、私たちの進め方を正当化するために、出発点において、一つのことを申しのべておかなくてはなりません。このやり方は、学問的な研究のあらゆる伝統的な分類を無視するものですから、大胆な冒険なのです。あらゆる人間実存の根底によこたわっている、これらの基本的な諸問題を探究していくことは、哲学の課題であるようにも思えます。いずれにせよ、今日までこのような問題をとりあつかってきたのは哲学者でした。しかし、他方、私たちは、これらの諸問題にたいする哲学的な答えに、第一義的な関心をよせているのではなく、キリスト教信仰があたえる答えに関心をもっているのです。そうして、そのようなことは、神学者の課題であるように思えます。同時に、私たちの研究は、いわば空虚な思想の空間においてなされるものではなく、具体的な歴史の世界と、今日の生活のなかでなされるのです。私たちは、なにもただキリスト教文明の一般的・抽象的な可能性に興味をもっているわけではなく、この与えられた歴史的世界のなかにおける、キリスト教文明の可能性と特性について興味をもっているからなのです。私たちのやり方は理論的ですが、私たちの目的は強烈に実際的なのです。それゆえ、私がいまここでやろうとしていることが、神学者諸賢からは、ドイツ語でいえば《精神史》(Geistesgeschichte)と《社会批判》(Gesellschaftskritik)のしろうとくさい企てをともなった哲学であるとして、また哲学者の諸先生からは、そのような神学であるとして、好意的でない評価をうけるとしても、私はおどろくべきではないでしょう。このような予測される批判にたいする私の答えは次のとおりです。私自身もこの企てが行きとどかないものであることを十分に確信していますが、同時に、その必要性と至上の緊急性についても確信しているので、それ以上、この企てをやめようなどということは考えていません。

この研究がなされることになっている視点は、キリスト教信仰の視点です。くり返して申しますならば、私たちはキリスト教信仰ということによってなにか漠然としたものを意味しているのではなく、宗教改革の神学的伝統のなかで理解されている、新約聖書の福音を意味しているのです。それゆえ、人間実存の根本的な問いにたいするキリスト教的な答えとはなにかとか、このキリスト教的な答えが文明の形成のためにあたえるべき独自な衝撃とはなにか、といったことを私たちがたずねる場合、私たちはキリスト教信仰ということを、新約聖書が意味しているとおりに、この独自な宗教改革の伝統にしたがって、理解しているのです。しかし——ここで申しのべるようなことが正当であるということを論証しなくてはならないのですが、それはできない相談なのです——私はこの一番の出発点のところで、この立場はどのような確立された教義《ドグマ》に関しても批判的な態度をもつということや、すべてのキリスト教の伝統や知識について、とらわれない心と気持とをもって接するということをふくんでいることを、明らかにしておきたいと思います。正しく理解された宗教改革の神学は、正統的な聖書主義にたいしても、自負にみちた排他的な信条主義にたいしても、無批判ではありませんでした。それは、逆に、批判的であり、しかも、世界教会《エキュメニカ》的《ル》な態度をふくんでいました。私は、この講演のうえに課せられている制約のために、批判的な神学的自己検討の広範な経過をへてえられた結果である、このような主張を解明し、証明することがゆるされていないことを残念に思います。

この講演の予定表

いままでのべてきたことを、私たちの問題の最終的な表現形態を申しのべることによって、しめくくらせていただきたいと思います。この講演の第一部の問題は、三つの質問によっていいあらわされるべきでしょう——

1　どのような文明の根底においても、超文化的諸前提としてよこたわっている、特定の人間実存の基本問題にたいして、キリスト教信仰はどのような解答をあたえるだろうか。

2　このような解答は、西洋史の流れにおいてあらわれてきた、同じ質問にたいする別の解答と比較してみた場合にどうであろうか。

3　他のものと比較してみた場合、キリスト教的な解答がもっている独自な重要性とはなんであろうか。

以下にのべるものが、私たちの心中にあるものであり、すくなくとも、それらのなかで最も重要なものであると考えている問題です。

存在の問題
真理の問題
時間の問題
意味の問題
宇宙における人間
人格と人間性
正義の問題
自由の問題
創造性の問題

これらの問題にたいして答えようとすることによって、私たちはこの第一部においてはキリスト教文明論の原論の輪郭をあえて見ようと考えています。これにたいして第二部は文明生活の異なった諸領域における、さらに具体的な諸問題をとりあつかうことになるでしょう。(1)

（1）〔訳注〕 ブルンナーのギッフォード講演は一九四七年の二月から三月にかけてと、一九四八年の三月の二回にわたってなされており、前者が第一部、後者が第二部として出版されている。本書はその第一部、原論の翻訳である。

二　存在もしくは実在の問題

汎神論が媒介をする物質的なものと精神的なもの

存在とはなんでしょうか。実在とはなんでしょうか。現象とはなんでしょうか。たしかに、現代人がたずねるような問いでもないこのような質問から、私たちが出発するのは、おそらくは奇妙なことのように思われることでしょう。現代人の問いとは、人生の意味とはなにか、人生にはいったい意味があるのか、などといったものです。存在の問題などは、現代人には無縁なものです。そのような問題は、哲学者でない人間にとってはいつも無縁なものでしたし、ただ、思想家の頭のなかにしか存在しない問題であるようにも思われます。《自覚的な》問題としては、まさしく、そのとおりなのです。普通の人は、このような問いをたずねるようなことはありません。なぜかといえば、彼にとってはそのような問題は決着がついているように思えますし、彼はあたかもそれが決着しているかのように暮らしているからなのです。彼は自分の全生活が、実在とはなにかという公理的な概念によって決定されていることに気づいていないのです。

そのことは、私たちが、それではいったい実在とはなんであるのか、神なのか、それとも世界なのか、心なのか、それとももののなのか、見えるものなのか、それとも見えないものなのか、時間的なものなのか、それとも永遠的なものなのか、多なのか、それとも一なのか、といったことをたずねてみれば明らかになってきます。いずれにせよ、私たちの時代の人間にとって、彼がそれ以外のなにを実在と考えるにせよ、感じることのできる、さわることのできる物質が、存在のたしかさとか重さといった点からいえば優先するのだということは疑問の余地もないこととされています。実在主義者《リアリスト》というのは、実在を、物質的な、感知しうる事実といった基準によって検証する人間のことなのです。この普通に行きわたっている基準は、なおかつ、物理的な条件といった原始的な基準なのです。最も実在的なものは堅い、固型物質であり、その次は液体であり、さらにその次は透明な気体なのです。それゆえ、精神的なものは、それよりももっと実体的な実在を減少させていったものであって、あらゆる実在のなかで最も印象的な重い、どっしりとした、鉄や石のかたまりなどからは、最も遠い存在なのです。エルンスト・ヘッケル〔一八三四ー一九一九〕が、神をけがすことを承知のうえで、神をガス状の脊椎動物と定義したのは、まさしくこのような実在の概念からだったのです。しかし、他方において、もしもヒンドゥー教徒がヨーロッパ人を唯物論者とよぶとすれば、彼は大部分のヨーロッパ人があまりにも当然のことと考えているために、ほかの人間がそれに異議をさしはさんだり、実在についてちがう考え方をしたりすることさえも理解できなくなっている、なにかしらこのような実在の尺度といったものを念頭においているのです。しかしながら、この実在観というものはけっして自明なものではありません。ヒンドゥーの伝統のなかで育った人間は、これとはちがった考え方をするだけではなく、これとはちがった感じ方をするのです。この物質世界というものが、私たちの知覚をおおいかくし、あやまらせる錯覚であり、幻想であるというのは、ただ彼らの理論であるだけではなく、生の感覚全体のなかに暗にふくまれているものなのです。

これはウパニシャッドの哲学を学んだ、教養たかきバラモン〔インドの四つの社会階級のうちの最高の祭司階級〕だけにかぎられた感情ではありません。何百年、いや、何千年ものあいだに、このアドヴァイータ〔八世紀にシャンカラによって組織された、インドのヴェーダーンタ哲学の学派〕の教えは、インドの人びとの共有財産となり、インドの世界の内部において実在感に深大な影響をあたえたのです。実在とは、私たちがつかんだり、さわったりすることのできる《多くのもの》ではありません。実在は、私たちがけっして感覚によって認識することのできない《一つのもの》なのです。感覚的であればあるほど、物質的であればあるほど、実在性はますますすくなくなっていくのです。真の存在は物質的なものから最も遠くはなれたものであり、それゆえ、純粋な精神のことなのです。いや、このような言い方も、まだ幻想的な《多》の世界によって規定されており、それゆえ、適切ではないのです。真の実在は心と物、主観と客観の対立をこえたものであり、それゆえ、概念規定をこえたものなのです。なぜかといえば、定義そのものは、一つの限界だからです。真に実在するものは分割することのできない《一つのもの》なのです。なぜなら、分割できないものはまた規定できないもの——梵《ブラーマ》〔バラモン教で絶対唯一の真理を意味する言葉〕であるからです。

私たちにとって、あまりにも縁遠く、信じがたいような響きさえもっているこの思想は、インドだけではなくて、ある時代においては、ヨーロッパにおいても、新プラトン派の哲学および神秘主義の形をとって、とりわけ、いわゆるキリスト教的な中世世界において、みずからの立場を保持していたのです。プラトンが《真に実在するもの《オントース・オン》》(ὄντως ὄν) とよんでいる、一つの真の存在は、神的な《一》、《一にし《ヘン・カ》て全て《イ・パン》》(ἓν καὶ πᾶν) なのです。それゆえ、真の実在は物質的な世界ではなくて、精神的な世界なのです。その当時の実在主義者というのは、精神世界の理念が、第一義的な実在性をもっていることを肯定する人のことだったのです。このような概念における物質は、いわば、膨張した状態にある心、不明になったり、分割されたり、今日私たちが実体とよんでいるものにばらまかれた状態になっている心のことなのです。中世の思想家だったら、そのような属性とか条件を否定したことでしょう。彼にとって、実体は変化しないもの、永続するもの、分割されないもの、《一》であって《全体》であるようなものだったからです。

一見、逆説的にも思えることですが、現代の物理学者たちは、中世の人間が考えていたようなことの理解を、私たちにいっそう、身近にもたらしてくれることができるのです。現代物理学においては、実在は実体ではなくてエネルギーであり、なにかしら死んだ、固定された、硬直したものではなくて、生命力、緊張、動的なものなのです。エネルギーはもはや物質現象ではなくて、むしろ、物質のほうがエネルギー現象なのです。それゆえ、最も予期されていなかった点において、物質科学において、あたかも、存在の概念における革命、私たちが中世プラトン主義もしくは理想主義とよんでいる方向への革命がおこってきているようにさえも見えます。ライプニッツ〔一六四六―一七一六〕は正しいように思われます。実在は究極的には物質の塊のなかに見いだされるべきではなく、精神力のなかに見いだされるべきなのです。

しかし、おそらくはこの《あれか・これか》は誤りであって、たぶん、延長された物質も、延長されない精神も、それ自体として究極的な実在であるということなしに、ひとしく実在するのかもしれません。ギリシア精神が《コスモス》〔秩序と調和をもった世界〕という概念を形づくってからは、媒介的な実在観というものが存在してきました。私たちが自分の目で見たり、自分の手でつかんだりするこの世界は、どうにか実在しているわけです。しかし、私たちが、つかんだり、見たりしているのは実在そのものではなくて、その一面なのです。完成した実在は全体、《ロゴス》〔宇宙の理法〕が充満している世界、神と世界、心と物、永遠と時間、透明な精神と不透明な重量の統一なのです。ギリシア人が、その柔軟で芸術的な心をもって、コスモスの理念において表現したことは、多くの人びとのなかで根源的な、私たちが原始的な心のなかに生きているのに気づく感情といったものに、どちらかといえばはっきりと定義づけられないような仕方で対応しているものなのです。自然のなかには神的な精神力が充満しており、自然はいつも神的・非物質的であると同時に、感覚的・物質的なのです。実存は、私たち自身と同様、生命力をあたえられている身体と物質化されている魂、神的な自然と物質化されている神性であるのです。自然力は神的な力であり、神的な力は自然力なのです。一つのものは他のものに変わります。いや、むしろ、一つのものが他のものなのです。これはまた私たちの時代の多くが感じているところでもあります。それは最近の美術や詩のなかで、みずからを最も基本的な仕方で表現しています。実在は唯物論者が考えるよりも、もっと深いものであり、私たちの感覚はその表面だけしかとらえることはできず、その深みをとらえてはいないのです。あるいは、こういったほうがよいかもしれません。表面と深さは一つであり、見えるもの《即》見えざるもの、見えざるもの《即》見えるものなのです。実在とはまさしくこの神秘的な統一なのです。「自然には核も殻もない。両者が突如として一つとなるのが自然なのである」（ゲーテ〔一七四九—一八三二〕）。神と同一のものであるこの自然が実在なのです。

創造観によって決定されるキリスト教実在観

キリスト教の実在理解はまったくちがったものであり、これらのすべての概念とは全面的に異なっています(1)。それは神が創造主であり、世界はこの神の被造物であるという思想によって決定されています。それゆえ、神が第一義的な実在なのです。それ以外に私たちが実在的とよぶものは第二義的な、第一義的な実在に依存している実在なのです。この神的な存在と被造的な存在との対立は、一見、新プラトン的な

《一》、真の存在とそうではない《多》とのあいだの区別に似ているようです。もしも、これらの二つの存在観のあいだに、すくなくともなんらかの類似性がなかったとすれば、キリスト教の神学と教会とが、これらの二つの概念の一致とまではいわないにせよ、適合性を信ずることができたということを理解することがまことに困難となることでしょう。スコラ神学が示しているように、新プラトン主義的な存在観を、キリスト教的な存在観と調和するような仕方で解釈することは、もしも、私たちが他方において、キリスト教の考え方がすでに新プラトン的な考え方のなかに採用されていると仮定すれば可能なことなのです。(2) これら両者のなかにある共通な要素は、この物質的で、手でさわってたしかめられるような感覚世界は、皮相な心が信じているように、真の実在ではないといったような否定的なものなのです。大衆的な唯物論や感覚論は、新プラトン的な考えとも、キリスト教的な考えとも調和しません。第一義な実在、そもそものはじめからの存在は神なのであり、しかも、神は霊なのです〔ヨハネ四の24参照〕。

(1) すでにお気づきのように、この講演の目的は、レアド『有神論と宇宙論』(一九三九)、ブラッドリ『宗教の理想』(一九〇九、出版は一九四〇)、J・ウァード『終わりの領域』(一九一一)などといったかずかずのギッフォード講演者たちの目的とは異なっている。彼らは同じような問題をとりあつかってはいるが、純粋に哲学的な立場からである。私のここにおける第一の、至上の目的は、キリスト教存在観の真理を哲学的に論証することではなくて、それがあらゆる哲学的な概念とどれほどちがっているのかということや、そのことがなにを意味しているのかということを示すことにある。

(2) エーミル・ブルンナー『キリスト教神論――教義学第一巻』(一九四六)、とくに第一節「神の本質とその特性」参照。E・ジルソンのギッフォード講演『中世哲学の精神』(一九三二)において、とくに豊かな学識と明瞭さをもって示されているように、大部分のローマ・カトリックの著者たちの場合、これとは反対の見解や傾向がゆきわたっている。

霊である神は、すべてのものの創造主であるというこの主張は、あらゆる存在の理解にとって最も重大な影響をあたえています。(1) 実在というものを描く場合のあらゆる座標や——上と下、重量の全体系、価値の段階制のすべて——それゆえにまた、文化や文明についてのすべての概念も、これによって決定されるのです。もしも、創造主である神が《存在する》ならば、古代世界においても、現代世界においても、呪文のようによこたわっていた運命とか、宿命とかといった陰鬱な考え方は根拠をうしなってしまいます。存在し、生起するいっさいのもののうえにあるのは、非人格的で抽象的な決定力である運命でも、法則でも、なにものかでもなく、霊である創造主、創造主である人格としての神なのです。

(1) 哲学者はキリスト教的な創造観を批判するまえに、それとももう一つの選択の可能性として存在する多かれ少なかれ一元論的なものとをわけへだてている、橋わたしすることのできない深淵に目をとめ、それを認めなくてはならない——この要請はレアドがそれをとりあつかっている場合、明らかにみたされてはいない(『有神論と宇宙論』一一八ページ以下)。

もしも、私たちがこの考え方を真剣にとりあげるなら、私たちはすぐさま、キリスト教の存在観と新プラトン主義的な存在観とのあいだには、橋わたしすることのできない相違があることに気がつくことでしょう。新プラトン的な考えは——そうして、私たちは理想主義的な存在観と神秘主義的な存在観もまたそうだといってもよいでしょうが——非人格的ですが、キリスト教的な考えは人格的です。新プラトン的なものは静的ですが、キリスト教的なものは積極的であり動的なのです。神の存在は、あらゆるものをすえ、みずからはすえられることのない主の存在なのです。スコラ神学は正当にも《純粋行為》《アクトゥス・プールス》(actus purus)、なにものによっても条件づけられない活動、もしくは実在という概念を神にたいして用いています。それゆえ、神はけっして客体ではなくて、いつも主体なのです。けっしてなにものかであるのではなくて――つまり、中性的な第三人称であらわされるようなそれ《イット》、実体ではなくて――人格的な第三人称でいいあらわされる彼《ヒー》、あるいはむしろ、第二人称のなんじ《ザウ》なのです。神は絶対に自由な意志であり、彼の被造物である世界が、どの瞬間においても、彼によって条件づけられるといった仕方で自由なのです。被造物の存在は、吹く人が吹くから、そのかぎりにおいて存在するシャボン玉みたいなものなのです。それは吹くのをやめたとたんにこわれてなくなってしまうのです。もちろんこのそのものずばりの喩《たと》えにもいささか足りないところがあります。シャボン玉を吹く人はあたえられた液をつかって吹くのですが、神はなにもないところから世界を《吹く》のであり、彼はその意志により、その《継続創造《クレアティオ・コンティヌア》》(creatio continua)を通して、無の深淵のうえで世界を保持するのです。

唯物論でも精神的なものでも汎神論でもなく

これとともに、この存在観の第二の面、つまり、被造性、依存的存在という面があたえられてきます。まさにこの点において、キリスト教的な概念と、理想主義的な概念や唯物論的な概念との違いが、とりわけ明らかになってきます。唯物論者、つまり、物質的・感覚的な存在が真の実在であるような人にとっては、物はうたがう余地のない絶対にたしかな実在なのです。すべてのものが変化し、すぎさっていくことを目にしないわけにはいかないにもかかわらず、これは真実なのです。彼は変化するのは物質そのものではなくて、物質の形態にすぎないのだと考えます。このような、疑う余地のない、絶対的な実在をになっているものは、元素であり、原子なのです。デモクリトス〔前四六〇頃―三七〇頃〕の原子論は、物質世界における明白な変化に直面して、絶対物質の概念を維持するために考え出されたものです。それゆえ、最も最近の物理学の結果が、不変の物質的要素などは存在しないのであり、この物質は物理学者の手によってたんなるエネルギーや数学的な関係にかえられてしまうという事実を指摘したとき、そのことは――通俗的なものであれ、哲学的なものであれ――唯物論にとっては深いショックであったのです。たといそれがどうあろうとも、キリスト教の考え方によれば、不滅の、自己充足的な物質などはないのであって、神がそのように望むから、そのかぎり、そのようなものとして存在する被造物があるだけなのです。神が無からよびおこし、無のうえで保持している存在があるだけなのです。それゆえ、神それ自身の存在とは区別された、キリスト教的な被造物の依存的存在の概念にとって決定的なのは、創造論だけではなくて、この世界があるときなくなってしまうのだという考えをもったキリスト教終末論もひとしく決定的なのです。

キリスト教の被造的存在の概念は、唯物論的な概念とちがっているように、理想主義的な概念ともまったくちがっています。このつくられた世界は、理想主義が主張するように、ただの仮象なのではありません。それは実在なのです。神はそれが実在であると名づけたのです。その存在には無とか衰亡とかという烙《らく》印はおされていません。神の創造したものは、独立した存在ではなくて、依存的な存在であるにせよ、それは《存在する》のです。それに実在の重みや良さまでもあたえたのは、神自身なのです。「神が造ったすべてのものを見られたところ、それは、はなはだ良かった」〔創世紀一の31〕。神でないものは、なにかしら堕落し、退化し、欠陥のある存在なのであるという新プラトン的な考えや、物質そのものが悪であるという古いプラトンの考えも、ここでは不可能です。物質的な存在が物質的であるということは、それに否定的な価値がつけられなくてはならないということを意味していません。それはその場所において、その限度において良いものなのです。

聖書の思想のなかには、アリストテレスやプロティノス〔二〇五―二六九〔七〇〕〕などと同じように、たとえば創世記における創造物語にあらわされているように、存在の段階制といった概念があります。物質、有機体、動物、人間などといった異なった段階《レベル》が区別されています。しかし、低い段階は実在性がうすいとか、劣っているというように考えられているわけではありません。いわゆる低い存在も、いわゆる高い存在も、神の造ったものはいずれもその場にあって十分に積極的な価値をもっているのです。存在の段階制がまた価値の段階制でもあるという考えは――中世思想においては実に基本的なものでした――被造世界に関するキリスト教的な概念においてはなんらの場所をももっていません。私たちは世界の段階的構造についてのこのようなさまざまな評価が倫理の問題全体についてもっている決定的な重要性について、のちほどみていくことになりましょう。

神が創造主であり、世界はその被造物であるという聖書的な考えは、アリストテレス的、新プラトン的な存在観との対比において、神を一番高いところにすえ、物質を一番低いところにすえる連続《コンティヌウム》といった考え方をみとめません。神はけっして被造世界の段階制のなかで、それと連続するものとはみられていないのです。神と被造物との区別は絶対的ですが、被造物相互の区別は相対的なのです。創造されたものと、創造されないものとのあいだの移行はありません。ただ神だけが創造されない神的な実在なのであり、すべての被造物はただこれに依存的な、創造された実在にすぎないのです。古代においても、現代においても、私たちが見いだすいっさいのコスモスの理念や、それに対応している自然の汎神論的な解釈は、この創造主と被造物という概念とともに打破されてしまったのです。神と自然、無限と有限の綜合は解消され、それとともに、神と世界とのあいだの移行を主張することにおいてはっきりと成り立っている異教的な考え方の基礎も解消してしまったのです。有限と無限、超越とこの世界、神と地上的存在などの連続性についてのこれらすべての概念、すなわち、神秘的な存在の段階制全体、半分神であるような英雄から神々にまで達する段階、原始人の心のなかにあった世界観を特色づける自然と神の解釈、世界をコスモスにしたてていく、世界に充満しているロゴスといったすぐれた思想や、現代の汎神論のあらゆる形態など——これらはことごとく、創造観という火によって焼きほろぼされてしまうのです。どのようなたぐいのものであれ、連続性はなに一つないのであり、あるのはきびしい対立だけなのです。その一方には神が、また他方には世界の被造性が対峙《たいじ》しているのです。

もちろん、この神の《存在》の超越性は、けっして神の《行為》の超越性と混同されてはなりません。超越的な神は——つまり、神性というものを独占する神は——その創造ときりはなされないのです。区別することとは分離することではありません。神の存在は世界の存在から区別されます。しかし、世界は神の臨在と行為とによってささえられてはじめて存在するのです。ゲーテが「ただ外側から一撃をあたえるだけの神なんて、いったいどんな神なのだろう」といってしかった神は聖書に啓示されている神ではなく、合理主義的な理神論の神にすぎません。啓示の神は絶対に世界とは異なる、自己充足的な主なのですが、その神はただ世界を創造するだけではなく、それをささえ、支配する御方《おかた》なのです。世界が実在し、存在しつづけるのはこの御方《おかた》の意志と行為によるのであって、この御方《おかた》の臨在とささえの行為がないならば、世界は無に帰してしまうでしょう。砂の一粒一粒も神に依存しており、この神なくしては無に帰してしまうのです。

必然と偶然、自由と決定論の問題にたいする影響

それゆえ、中世哲学において偶然性といわれたことは、まさにキリスト教創造観の立場からだけ理解す

ることができるのです。(1) 神的で絶対的なものと、被造物の偶然で相対的な存在とのあいだの区別は、すべてのギリシアの哲学者たちにとっては未知のことでした。彼らは真に実在する《一》にたいして、たんなる仮象にすぎないといって反対するか、それとも、アリストテレスのような上むきの連続性であっても、あるいは、プロティノスのような下むきの連続性であっても、ともかくも連続性という用語で考えたのです。

(1) キリスト教思想をまったく正当にとりあつかおうとした哲学者の観点から偶然性の理念を徹底的に論じたものとして、ハインリヒ・バルト『現象の哲学』第一部「古代と中世」三二六ページ以下、とくに三五五ページ以下参照。そこで彼はペトルス・ダミアニ〔一〇〇七頃―七二〕によって示されているような、最もキリスト教的な形でこの考え方を展開している。

他方、近代哲学がキリスト教神観からはなれていくのと同じ度合において、偶然なことと偶然でないこととの距離もなくなってきたのです。唯物論的な思想家にとっては偶然の存在などはありません。彼らにとっては、物質は第一義的で絶対的な存在なのです。原子は無条件で絶対の実在なのです。唯物論は、キリスト教神学が神に帰する属性を原子にあたえているのです。唯物思想によれば原子は《即自的な存在》(a se esse)《ア・セ・エッセ》をもっており、永遠で独自な存在なのです。理想主義者にとっては精神もしくは心だけが実在します。しかし、この世界は仮象にすぎないのです。いずれの場合においても、偶然性の余地はありません。このことは物理学者が理解するような自然法の解釈においてとりわけ重要なこととなってくるのです。

唯物論者、つまり、その存在観が物質によって決定されている人にとっては、自然の法則は物質的存在において固有な絶対的・客体的な総体なのです。それらはすべての存在、すべての出来事がそれによって決定される《永遠不変の法則》(die ewigen, unwandelbaren Gesetz) なのです。ここでもまたこれらの自然法は、キリスト教思想において神の意志にあたえられている役割を演じているのです。それらは偶然的なものとは正反対の——必然的なものなのです。これはあらゆることを決定する、盲目で非人格的な運命の必然なのです。ラプラス〔一七四九―一八二七〕によれば、あたえられた瞬間において、宇宙におけるあらゆる原子の位置や動きをしっている心は、力学の法則にしたがってすべての過去を再構成し、あらゆる未来を予言することができます。[1] いっさいはそれがはじまるまえに終わってしまい、なに一つ新しいことはおこらないのです。しかし、私たちは、このような決定論、運命論が唯物的な概念の自然で必然的な結果であることを容易に理解することができるとともに、他方、このような運命観があらゆるキリスト教以前の宗教や哲学の背後にも潜在していたことをみて、むしろ驚きを禁じえないのです。運命は神話にでてくるあらゆる神々をこえているのであり、モリアはゼウスやその神々の神殿《パンテオン》をこえているのです。ノーン〔北欧神話の運命の女神〕の宣告は、ゲルマン宗教の最高の神々の運命を決定します。インド宗教における最高の神々はカーマ〔業、宿命を意味するサンスクリット語〕との関連において無力であり、神々自身、ぐるぐるまわる運命のつむぎ車の回転にとらわれてしまっているのです。このような往来はより高い、知ることのできない、非人格的な必然の表現なのです。このことはあらゆるギリシア哲学にもあてはまることです。プラトンの《イデア》〔存在の原型〕にせよ、アリストテレスの《エンテレケイア》〔自己の目的を自己自身のなかにもったもの〕にせよ、ストア主義や新プラトン主義の神的な《ヌース》〔理性〕にせよ、このうす気味わるい、陰鬱な決定論を突破してはいないのです。それはいったい、どうしてでしょうか。それは非人格的な用語で理解されるいっさいの存在は運命的な性格をもっているからなのです。神話にでてくる人格的な神々は絶対的ではありません。そうして、ギリシア哲学において絶対的なものは非人格なのです。運命論、決定論にとってかわるべきものは一つだけあります——それはその自由が存在するすべてのものをこえており、その自由が神自身ではない他のいっさいの存在の原因であるような、全能で主権的な主としての神の理念なのです。それはすなわち、神、主権をもった主が無から世界を創造し、もしも彼がそうしようとさえ思えばそれをまた無にかえしてしまうことができるという理念なのです。しかし、彼はその意志がはかり知れない秘密であるような神ではなくて、啓示された愛であるような神なのです。すべてのものをこえた運命があるかないかという問いは、すべてのものをこえて非人格的な存在があるのか、それとも人格的・絶対的な意志があるのかという問いと同じなのです。しかし、この非人格的な存在が物質的なものであるのか、精神的なものであるのか、それともこの両者の知られざる統一であるのか、といったことはたいした違いがないように思われます。運命か、それとも創造主である神かということが決定的な問題なのです。そこで、キリスト教的な観点からいえば、自然法は絶対的な総体ではなくて、偶然的・相対的な領域に属しているのです。自然法それ自身も創造されたものなのです。それらはドイツ語でいわれているように、ゲゼッツェ（Ge-setze〔法、原意は置かれているもの〕）、つまり《配置》（settings）なのです。神がそれらを存在するように《配置する《セット》》のです。さて、この配置という概念は曖昧で、矛盾した感情をひきおこすものです。そうして、この神の配置——規定（Satzung）、律法（Gesetze）——の曖昧さというものが、すべてのキリスト教の教えの基本的な特色なのです。一方では、神の配置、秩序、法則、律法（Gesetze）などは、神によって創造された宇宙の、恒久の静的構造、安定した、信頼するに足る特色であると考えられています。みなさんはこれらの秩序に依存して支えられることができます。みなさんはそれらをあてにしてもいいのです。この世のなかには無秩序や気まぐれはありません。それは秩序ある世界なのです。しかし、他方、これらの配置、法則、秩序などは、それらを存在させようと欲した神によって《あたえられている》ものなのです。それらは《私たち》の自由の限界であって、神の自由の限界ではありません。神の自由はあらゆる配置や法則をこえて存在し、それらは神の行為を拘束するものではなく、それらはいつの日にか、もう存在しなくなるのです。なぜなら、「この世の仕組みは滅び去る」からです。偶然なものはまた一時的であり、滅ぶべきであり、永遠ではないのです。

（1） F・A・ランゲ『唯物論史』第二巻、一九六ページ参照。

自然法は絶対的なものではなく、それらの背後に、それらをこえて神の自由があるのです。自然法は究極的なものではなくて、神の目的の手段なのです。それらが神の目的を決定するのではありません。それらは神の意志の機関であり、召使いなのです。神の目的は律法という用語によってはけっして理解されることはできません。律法というものは、神の経綸のなかにあってひじょうに重要であって、欠くことのできない機能なのですが、それにもかかわらず、その言葉のあらゆる意味において、それに従属するものをもっているのです。律法はいつも神の手段として考慮されるべきですが、それはけっして神の意志、目的の究極の表現としてうけとられてはなりません。それゆえ、私たちが《永遠の律法》について語る場合、果たしてそれで正しいのかどうか疑問となるわけです。自然法であろうと道徳法であろうと、あらゆる法は被造世界に属しています。神自身の意志はけっして究極的には律法の用語でいいあらわすことはできません。なぜかといえば、神の愛、神の聖の自由がそれらをこえているからなのです。もしも、神学が神の自己存在の法則について語るなら、私たちは神の自由意志を抽象化することによって、自分の言葉にとらわれないように注意しなくてはなりません。

今日の物理学は、ラプラスの時代とはちがって、自然法と矛盾することなしに聖書の神観をしっかりと保持することを可能にしました。量子論の困難で論議の多い結論にたちいったり、その驚くべき結果を早まって用いるようなことはしないで、私たちは、ラプラスによってとなえられた《閉鎖的な宇宙》という考え方を前提として、自然法により世界が絶対的に決定されると考えた十八、十九世紀の考えは挫折したといっても大丈夫でしょう。自然法の理念は過去と同様、未来においても重要で有益な役割をはたすでしょう。しかし、それが絶対的に世界を支配するという役割は終わったのです。もう一度、神と人間の両方の自由をみとめる余地ができました。[1] しかし、運命論の呪文をうちやぶれるのは物理学、プランクーアインシュタイン以後の物理学でさえもないのです。それは排他的に聖書の啓示によって知られる、創造者であり主である神への信仰によってのみなされたのです。

（1） 著名な数学者であるプリンストンのH・ワイルの『開かれた宇宙』参照。

詩篇一三九に示されているような存在の《遠近性》

私は聖書の神観から、私が存在の《遠近性》（perspectivity）とよんでいる存在論の最後の帰結をえがきだしてみたいと思います。もう一度唯物論的な存在理解から出発しますと、私たちはそこには変化する物質的な出来事の背後にある、究極的・物質的・不変的な単位である原子《アトム》の理念が指導的な型としてあるのに気がつきます。物理学の術語でそれがどのように定義されようと、それがエレクトロンであろうとプロトンであろうとニュートロンであろうと、この原子は存在しているのです。それがどこにあろうと、あなたがたがそれをどこから見ようと、だれがそれを見ようと、そのようなことにはかかわりなく原子というものは存在するのです。それはカント〔一七二四―一八〇四〕の用語をもちいれば《存在それ自体》（Sein an sich）あるいは《即自的な存在物》（ein an sich Seiendes）なのです。哲学がしばしば素朴な実在論とよんだこの客観主義は、何世紀もまえに不可能なこととしてあばかれたのです。存在というものはいつも、そのためにそれが存在している主体と相関性をもっているので、《即自的な存在物》(an sich Seiendes) などというものは存在しないのです。この批判的な理想主義はバークリ〔一六八五―一七五三〕やカントの時代よりも今日の時代のほうがいっそう容易な課題をもっています。そのころにはまだ事物の第一義的な資質と第二義的な資質のあいだののりこえることのできない対比がありました。それを味わう舌と、それが甘いと判断する心にとってだけ甘いものが存在するというのは明白なことです。しかし、主体とは無関係に一ポンドは一ポンドであり、一メートルは一メートルであるということも同じように明らかなことのように思われます。いまや、アインシュタイン〔一八七九―一九五五〕以来、《それ自身におけるメートル》というものの余地はなくなりました。指示されているある体系における一メートルは、他の体系では一メートルではないかもしれないのであり、そのことはいわゆる第一義的な資質というものが、観察をしている主体にとって相対的なものになっているということを意味しています。《遠近主義》(perspectivism) は物理学の領域そのものにおいて、素朴な客観主義の呪文をうちやぶったのです。そのような知識をふまえたうえで、古い理想主義の哲学的な命題が確認されたのです。プラトンはついにデモクリトスにうちかったのです。(1)

(1)〔訳注〕《遠近性》(perspectivity) も《遠近主義》(perspectivism) もブルンナーの造語であるように思われる。遠いところだけに焦点を合わせたり、近いところだけに焦点を合わせるのにたいして、遠近法はその両者を複眼的にとらえることによって新しい見通しをうることに成功したのであるが、それと同様に客体だけに焦点を合わせたり、主体にだけ焦点を合わせたりするのではなく、両者を同時に複眼的にとらえることによって主観―客観―図式をこえた新しい見通しをうることができることをそれによって表現しようとしているように思われる。

だがそれにもかかわらず、この理想主義的な存在観はけっして最終的に得心をあたえるようなことはできませんでした。その議論がどんなに説得的であったにせよ、このような主張に道をゆずらないような、原始的・現実的な本能がありました。知る主体としての人間から離れてはなにも存在しないということなどは、だれひとりとして信じようとしないことなのです。普通の人間にとっては、哲学的理想主義はいつも一種の半ば気狂いじみたもの、すくなくとも風変わりなものとうつったのです。哲学者はそのすぐれた思考力によって、自分がなみの人間や常識的な判断よりはすぐれているのだと感じることができました。しかし、そのような人間にとってさえ、気がかりなことは、実際生活においては、自分の哲学的な反対者たちと同じように、彼もまた素朴な実在主義者だったということなのです。この点において省略することのできないもう一つの見ておくべき事柄があります。それは批判的な理想主義と思弁的な理想主義を区別する限界をふみこえないようにすること、したがって、《一にして全て《ヘン・カイ・パン》》(ἓν καὶ πᾶν) という理念、つまり、その《一》にして《全て》ということから離れて、あるいは、それとならんで、実在が存在することを否定する絶対的精神主義をともなっていた新プラトン的な形而上学と同類の体系を展開していかないようにすることは不可能であり、すくなくともひじょうに困難であるように思えるということなのです。

私たちの講演の出発点にたちもどりますと、キリスト教的な創造の神およびその被造物としての世界の概念は、素朴な実在論でも思弁的な理想主義でもなく、その起原においても構造においても両者とちがっているのです。霊である神は第一義的な始原的な存在であり、世界はそれに依存している第二義的な存在なのです。それは世界は自分自身のうちにではなく、創造主の思いと意志によって客体的な実在を《もつ》のだということなのです。世界は《存在する》のですが、それは神がそれが存在する以前に、存在するように考え、欲したものなのです。客体的に存在するものはすべて、(1)神の考えたものであり、(2)神の意志の実現なのであって、それゆえ、それが神の考えと意志であるということの《ゆえに》だけ実在性をもつのです。この存在についての私たちの知識はどこに由来するものでしょうか。それは考えであるから、まさしくそれゆえに、私たちは《知ること》ができるのだというのがこの問いにたいする答えだと私は思います。もしも、それが考えでなかったとすれば、知識はそこまではいりこむことができず、それは単純に非合理なことになってしまっていたでしょう。さて、客体的な存在として、世界という存在は私たちにとって知りうるものであるとともに、また知られざるものであり、合理的なものであるとともに、また非合理的なものであるのです。私たちの心はなにか知るべきものを見いだします。私たちの心の光は客体的実在のなにかを明らかにする力をもっていますが、しかし、それを透明にすることはできません。いつも不透明で暗くて知識がはいりこむことに抵抗するものが残ります。そうであるのは造られた存在はただ《たんに》神の考えであるだけではなく、同時に神の《意志》の配置であり、それゆえ、私たちの知識にとって非合理的なものであるという理由によるのです。いつも私たちの知識の限界となっているのは、実に私たちのまえにあたえられている要素なのであるというのは事実ですし、また同時に私たちの知識をこえて、私たちのうちに実在感をうみだすのも、まさしくその要素なのです。

そこで、キリスト教的な観点からいえば、理想主義が、この客体を客体として定めた主体以外に客体は存在しないというのは正しいのですが、この実在を実在と定めるのが《私たち》の主体であると考えるのはあやまっているのです。実在を実在と定めるのは、私たちの主体ではなくて、神の主体なのです。詩篇の記者が「われらはあなたの光によって光を見る[1]」とのべているように、私たちの思考が神自身の思いにあずかるかぎりにおいて、それは私たちのものとなるのです。他方、私たちの知識というものは、それがどのように広いものであり、また広められるものであったとしても、ある限界点においていつも挫折のうきめにあうものなのです。この限界こそ、まさしく実在の徴《しるし》なのです。私たちの知識が、つらぬき通すことのできない暗い不透明ななにものかにぶつかって挫折するというまさにその理由によって、私たちは「これは実在する」というのです。しかし、私たちは神は創造主であり、その神の思想によって《合理化しうる》ものであり、その神の意志によって、それは非合理的に《あたえられている》のだという一つの思想をほかにしては、知識の光と非合理的な所与性の暗さという両者を統一することはできません。[2]

（1） 詩篇三六篇〔9節〕。
（2） この講演の討議のなかで私はここでバークリの理想主義哲学の路線をとっているのではないかということをたずねられた。私の答えは、あきらかにそうではない、ということである。第一に、私ののべたことは哲学的省察の結果ではなくて、キリスト教信仰の解説なのである。第二に、創造主である神と世界の創造についてのキリスト教信仰によれば、その実在性が神の思想であり、神の意志の産物なのであるということをいおうと、被造世界の実在性ははっきりと主張されているのである。神の意志は――神の考えと区別されたものとしての――バークリの議論にはまったくはいってこないものなのである。

それゆえ、私がカール・バルト〔一八八六―一九六九〕が彼の創造論において、客体世界の実在性は、創造主である神への信仰もしくは信頼においてのみ確実なものになる[1]、つまり、自分の言葉においてみずからを啓示する創造主への信仰においてのみ確かなものになる、という一見理屈に合わないように思える見解をはっきりとかき表わしている場合、心から賛成しないわけにはいきません。

（1） カール・バルト『教会教義学』第三巻第一分冊五ページおよび二七ページ。

私たちが偶然性についてのべたことが得心がいくようになるのは、神の《遠近主義》のこのような帰結をえがき示すことによってだけなのです。私たちをとりまいている世界は神の創造であり、それゆえにこそ、それは客体的に実在し、主体的に理想的なのです。それは絶対的な実在性をもってはおらず、言葉の最も厳密な意味において、神がそれを実在と定めることにより、相対的な、条件づけられた実在なのです。したがって、それも私たちが自然法の性格としてちょうど見てきた曖昧さや違和感をもっているのです。それは神がそれを実在的なものとするがゆえに、そのかぎりにおいて実在的なのです。それは神がそれを実在的なものとすることを中止するやいなや、実在的であることをやめてしまいます。この洞察は、キリスト教神学のある問題、たとえば、私たちには解決できないように思われ、私たちの神学的な良心にとって重荷となっている、終末論の問題をとく鍵ともなりうるものです。しかし、私たちがこの講演のためにひいた水平線をこえて、このような帰結をそのまま展開していく余地はここにはありません。

もしも、私たちがこれらの存在論の問題をとりあつかう場合、私たちが第一にもつ印象はいつもそれらがはなはだ抽象的であり、普通の日常生活の諸問題とは遠くへだたっているということです。しかし、私はこれらが路上の普通の人びとにとっても、最も実際的な重要性をもった問題であるという感じを、いくばくかみなさんにお伝えできればとつよく願っています。人生にたいする感じ方全体、実存の方向性全体というものは、その人にとって物質的な原子があらゆる実在性をはかる尺度であるような人間と同類なのか、それとも、これらのすべてが幻想であるような人間の仲間なのか、それともまた創造主への信仰といった立場から考え、詩篇一三九篇〔1—10〕でつぎのように語っている人のような人間なのか、ということによってひじょうにちがってくるにちがいありません。

主よ、あなたはわたしを探り、
わたしを知りつくされました。
あなたはわがすわるをも、立つをも知り、
遠くからわが思いをわきまえられます。

あなたはわが歩むをも、伏すをも探り出し、
わがもろもろの道をことごとく知っておられます。
わたしの舌に一言《いちごん》もないのに、
主よ、あなたはことごとくそれを知られます。
あなたは後ろから、前からわたしを囲み、
わたしのうえに御手をおかれます。
このような知識はあまりに不思議で、
わたしには思いもおよびません。
これは高くて達することはできません。
わたしはどこへ行って、
あなたの御霊《みたま》を離れましょうか。
わたしはどこへ行って、
あなたの御前をのがれましょうか。
わたしが天にのぼっても、あなたはそこにおられます。
わたしが陰府《よみ》に床を設けても、
あなたはそこにおられます。
わたしがあけぼのの翼をかって海のはてに住んでも、
あなたの御手はそのところでわたしを導き、
あなたの右の御手はわたしをささえられます。

私はこの詩篇を文字どおり、ある程度の長さ引用しました。というのは、それが私が申しあげようとしていることのひじょうに完全なまとめであるからなのです。私たちをとりかこんでいる世界は実在的です。しかし、神自身はそれよりもさらに実在的であり、それゆえにいっそう現存しているのです。世界の事物は私たちと距離をもって存在していますが、神は私たちの目や、私たちがものごとを考える心などと同じように身近にいるのです。神が私たちを見ているということ、神が私を見ており、私をながめているということが、聖書の使信《メッセージ》の中心的な、いっさいを決定するような主張なのです。これが神の選びの《遠近主義》なのだ、といわせていただきたいと思います。この考えがすべての私たちの文化的な諸問題にとってどんなにか基本的なものであるのかということは、この理念と人間の人格性の理念との必然的な結びつきを理解把握すれば、すぐにもわかることでしょう。しかし、この問題にはいっていくまえに、私たちはもっと抽象的な性質をもった他の諸問題をとりあつかわなくてはならないでしょう。その最初のものは真理の問題です。

三　真理の問題

客観主義と主観主義

真理の問題は、存在の問題とひじょうに密接不可分に結びついていますので、そのいずれも他のものから切りはなしてとりあつかうことはできません。それゆえ、この両者のどちらが優位性をもつのかといった古来の問いは容易にはっきりと落着することはできません。

しかし、原始的な人間にとっても、私たちの時代のなみの人間にとっても、真理の問題は実在の問題にほかならないということはうたがいえないことです。真理と実在とは彼にとっては同じものなのです。実際問題として、《真理とはなにか》という問いは、それまで実在的であると思われてきたことが、多少うたがわしくなった瞬間にだけはじめて問われたのです。真理についての問いは、素朴な教義主義と未熟な懐疑主義の境界線のうえにたっています。それは批判的な問いなのです。

私たちの時代の精神状況は奇妙な逆説によって特色づけられています。現代人は一方において素朴な実在論者であり——教義的・絶対的にさえそれを信奉している人間であり——物質的・感覚的にあたえられている存在は、彼にとってはうたがいえない実在なのです。もしも、彼が争う余地もなくたしかであるという意味で実在について語る場合、彼は物質の世界、物質によってみたされた空間の世界のことをさしているのです。しかし、現代科学はまた現代人がこの素朴な実在観を放棄することなく、しかも同時に懐疑的になるというような仕方で、この簡潔な世界観をゆりうごかし、こまかく検討するということがおこっています。このように懐疑論と唯物論とが手を相たずさえたのは思想史においてなにも初めてのことではありません。(1) 素朴な教義論者にとって、いっさいの真理の尺度であるこれらのものが、突然彼から離れ、それらがいったいほんとうに存在するのかどうかという素直な問いとともに彼をひとりぼっちにしてしまうことにより、ともかく彼をうらぎっているのです。そこであるときは徹底した唯物論的実在観を奉じていた人間が、他のときにはまったくの相対主義もしくは懐疑主義を受けいれていることなどは、さして驚くべきことではありません。《すべてのものは相対的だ》といった文句は、その人にとって原子もしくはその要素がいまなお究極的な実在であるような、その当の人間によって強調してかたられています。彼らはすべては相対的だといいます。しかし同時に、彼らは心が大脳の経過だということを疑いえない真理として宣言します。このきめのあらい客観主義と底なしの主観主義との組合わせは、論理的に相容れない、矛盾した思想原理の綜合を示していますが、それは哲学的な一貫性といった観点からも、倫理的・文化的な価値といった観点からもひとしく不幸なことです。

(1) たとえばセクストゥス・エンピリクス〔二世紀末頃のギリシアの医者、哲学者〕の懐疑哲学参照。

この最後の特別な段階を別にして、現代の精神的進化は多かれ少なかれ、物質的客観主義の路線をはっきりととっているといわなくてはなりません。人類史のこの章の見出しは――キルケゴール〔一八一三―一八五五〕の文句をもじっていえば――《客体は真理である》とでもいえましょう。それゆえ、客体のなかに、事物のなかに、物質的存在のなかに、経済生活のなかに、技術のなかに、一方的な量的なものの考え方や量的な価値基準のなかに、ますますまきこまれていくのをみても驚きに感ずることはできません。物質的存在の領域においては量だけが異なった要素なのです。物質的存在はたんに量的な存在にすぎないのです。それゆえ、真理の客体的理解はただ実際的唯物論によって表わされているだけではなく、また、スポーツにおいて記録を熱望したり、何百万人もの住民をもった都市の発展をほこらしげに思ったり、巨万の富をもっている金持を尊敬したり、偉大な政治権力を称讃したりすることのなかに見られる、すべての生活において一般になにごとをも量的に換算して考えることにおいても表わされているのです。量への畏敬は、いわば、金の子牛崇拝〔古代イスラエルの民が真の神をわすれて、金で子牛の偶像をつくっておがんだこと。出エジプト記三二章、列王記上一二の28－29など参照〕の新版だといえましょう。それは、客体は真理である、といった真理の客観主義的理解のさけることのできない帰結なのです。西洋精神の展開がこの不幸な路線をたどらなくてはならなかったということはけっして不可避的なことではありません。たしかに私たちはその哲学が反対の方向を指し示したインマヌエル・カントやその先人または後継者たちはむだに生きたことになるのかどうかたずねもしたくなることでしょう。客体ではなくて主体が真理であり、ものではなくて心が真の実在だというのは理想主義哲学の主義主張ではなかったでしょうか。プラトンがこの革命的な真理観を仕上げてこのかた、理想主義は西洋人の生活のなかで大きな力の一つとなってきました。ここでの問題はただ理論的な知識の哲学にかかわっていただけではなく、生きいきとした仕方で人間と人類の生活全体にかかわっていたのです。ひとたび客観主義の呪《のろ》いがとけると、ひとたび人は事物の実在とはちがっている実在に気づくようになると、あらゆる方向における精神生活のこのうえもなくゆたかな発展への道が開かれていったのです。ヨーロッパの生活にたいする理想主義のはかり知れない貢献を知るものは、それに高い敬意をはらい、深い畏敬の念をもってその偉大な代表者たちのことを思いおこさないわけにはいかないのです。いったい、だれがヘルダー〔一七四四－一八〇三〕の『人類の歴史哲学への見解』や、国家の限界についてのフンボルト〔ヴィルヘルム・フンボルトのこと。一七六七－一八三五〕の論文にあらわされたような理想主義的思想の偉大さ、崇高さに感銘させられないですませることができるでしょうか。この泉からほとばしりでる、シラー〔一七五九－一八〇五〕の、自由な人間性への熱情にさからうことができるでしょうか。ヘーゲル〔一七七〇－一八三一〕の歴史哲学の思想の世界のなかにはいっていく人で、自分がたかめられ、精神的な水平線が広がるように感じないものがいるでしょうか。

　しかも、この美しい世界も滅びはてたように思えます。過去二世紀のあらゆる理想主義的な精神性はいまは夜空の流星のひらめきのようにあらわれています。そのような理想主義は人類のあいだで精神的な力であることをやめてしまい、ふりかえってみると私たちはいったいそれはその固有の強さにおいてかつて精神的な強さであったことがあるのかどうか問わざるをえません。それが力であったということは疑う余地はありません。しかし、それはキリスト教的な伝統と結びつき、主旋律がきえてしまったときに鳴りやんでしまった、キリスト教的な使信の低音――あるいは、もしお好みなら高音――であったかぎりにおいて、そうだったのではないでしょうか。

　私たちはいったいどうしてそうだったのか、たずねてみなくてはなりません。十八世紀の終わりから十九世紀のはじめにかけて、たいへんな勢いでおこり、無敵だと思えたこの理想主義は、いったいなぜそんなに早く挫折し、自然主義と唯物論の波によって完全にもっていかれたのでしょうか。ここで二つの考察がなされうるのですが、しかし、その第一のものだけが私たちの主題――真理観――と直接に結びついているように思われ、その反面、第二のものはまったくちがった問題領域にぞくしているように思われます。第一の考察というのはこういうことです。客体から主体への逆転ということは、インドなどの場合とちがって私たちの西洋世界ではけっして普遍的な確信となりうることではなかったのです。この理想主義的な主観主義は、奇妙な哲学的な教義、選ばれたごく少数のエリート思想家の特殊性にとどまりました。

初期のカール・マルクス〔一八一八—一八八三〕の著作（それは彼がヘーゲルの熱心な弟子であった時代にまで日付をさかのぼって、そこから見ていかなくてはならないのですが）において、ヘーゲルの絶対的な理想主義から、きめのあらい唯物論に彼が転向した完全な真相をたどることは、最も有益で魅力的な研究となりましょう。そのことはマルクスの発展だけではなく、ヘーゲルの他の二人の弟子たち、すなわち、アンゼルム・フォイエルバッハ〔一八二九—一八八〇〕とダーウィド・フリートリヒ・シュトラウス〔一八〇八—一八七四〕の場合においても同様です。このなにもかもつつみこんでしまう精神性はいわばくずれおち、とりすぎた余分のものは一種のアルコールの酔いのように蒸発してしまい、残ったのは不毛な唯物論の重圧だったのです。マルクスとフォイエルバッハが歩んだ道はひじょうに教訓にみちています。《主体、精神《ガイスト》（Geist）が真理である》という教義は、実証的な人類学主義にかわり、超越的な自我《エゴー》は全体としていえばこの物質世界の一部である、そのような人間の経験意識の心理的な事実へと変化していったのです。フォイエルバッハの有名な《すべての神学は人間学である(1)》という命題は理想主義的な路線の完全な廃棄を意味しています。それはあらゆる形而上学的なものをただの妄想だとみなすことと同じなのです。まさに、これがヘーゲルの理想主義哲学が、彼の最も有能な弟子たちを導いていったその帰結だったのです。

（1） フォイエルバッハ（ヨードル編）『宗教の本質』二一ページ。

これらのうちで、マルクスは歴史を形づくったただひとりの人物でした。彼の名前は、そうなるだけの理由は十分にあったわけですが、全世界、すべての無産階級《プロレタリア》の人間の世界、社会主義的・共産主義的な労働者運動の世界、そうして集産的な人間観にもとづいた《世界観》（Weltanschauung）を代表しています。理想主義は社会問題にたいしてはなんらの解決をもたらしませんでした。それは高い教育をうけた個人、知的な貴族の問題だったのです。ヴァイマールやイェーナ、あるいは新設のベルリーン大学の周辺で哲学や文学の巨匠たちが論じたり、書いたりしていたことは、近代の機械文明が彼らをその田園牧歌的な条件から巨大な産業都市へとほうりだし、そこで石炭くずのようにどかんとおしつぶして集産的な大衆というタドンにしてしまった何百万という普通の人間にはなんらふれるところはなかったのです。心、理性、精神、主体が真理であるという理論をもった理想主義は、《このような人びとになにがおこるべきなのか》という問いに答えませんでした。それが生き残らなかった理由はそこにあります。

他方、客観主義的な唯物論は、人間の外見だけの実在性のなかでともかく残りました。人間は食欲をもった動物であり、それゆえ、食料をあたえなくてはならない。人間は、それと対決するためには個人では弱すぎるような、共同の敵とわたりあうために同類相集まって生活する群居性の動物である。こういったのが、客体が真理とみなされる場合の人間観なのです。自分を客体として理解する人間は、自分を給食と出産の本能をもちそれゆえ、群れをなして生活する動物であると理解します。客観主義は必然的に集産主義にたちいたります。もしも、客体が真理であるとすれば、人間は種のなかの一個人であり、自然の一部分であるにすぎないものとなります。しかし、この考えは、おそらくは真理などというものは存在しないだろうという特殊な思想をともなうことなしにはうけいれられない、ということをつけ加えておきたいと思います。たとえば、ロシアという集産社会では、真理の探究などということは時代おくれだとされているのです。

実存主義における、この二者択一克服の試み。キルケゴールとキリスト教真理観

私たちが次にたずねてみたいことは、この客観主義や主観主義という二つの半真理をこえた、この両者

はそのあきらかな例だ。サッカーは移民の子供たちに、市民社会のなかで彼らが獲得したかもしれないものと比較することなく、座席と身分と収入を提供するのである。

最後に、サッカーは熱狂と高ぶった感情を友人たちと共有できる、経済的な意味でほどよいスペクタクル（見世物）である。フランスでは、ヴィラージュ席の一席あたりの単価は一〇ユーロ以下である。

Ⅱ　大衆《マス》のスポーツ

それにしても、サッカーがこれほどの広範囲にわたって、熱狂や熱中や情熱的行動を引き起こすのは、普通のことではないのだろうか？　サッカーはわずかの年月で、みんなが見て理解するスペクタクルとなった。空いている時間の暇つぶしとなり、あらゆる水準のプレイヤーのモデルとなった。彼らはプロプレイヤーの自由闊達さを外見だけでも模倣しようとする。ただ、実際のプレイヤーと観客の数においても、サッカーは他の集団スポーツをはるかに凌駕している。

とがわかる。つまり各人がひとりずつ意見を持ち、議論をし、プレイを反芻する。このように、個人の感受性や、ひとつのチームに対する入れ込み具合、プレイヤーに対する「愛情」、それに応じて、プレイや審判、試合結果の解釈は違ってくる。こうした相違が議論を呼び、現実の厳しい対立がときとして暴力にまで行き着くこともある。とくに、自分が不当かつ継続的な被害者だと考えている者は、闘争行動を通じて、侮辱をそそぎ、スポーツと道徳のバランスを見出そうとする場合があるのだ。

すでに述べたように、サッカーは不確実性を抱えている。スコアは他の集団スポーツよりもずっと緩やかにしか変化しないし、ほとんど変化しないこともある。ただし、いかなる瞬間でも、試合はひっくり返る可能性がある。「ロト・フット」(1) を運営する「フランスくじ公社」の無能ぶりにも、サッカーの不確実性の具体例を見出すことができる。なにしろ賭けに勝った人の数がひどく少なかったのだ。試合結果の不確実性は賭けの本質そのものである。あるチームが試合開始早々一点取ったり、立て続けに二点決めたりするとき、「連中は試合を殺した」、つまり試合への興味をいちじるしくそいだなどと言ったりしないだろうか？

(1) サッカーくじ〔訳注〕。

サッカーはまた、他のスポーツより以上に、社会的同化の力強い道具でもある。フランス代表チーム

なければ缶詰の缶でもよい。「選んだものがうまく転がりさえすれば充分」で、もし必要があれば、洋服を丸めてボールにすることもできる。二つの石を「ゴール」の代わりに使うこともできる。サッカーはこんなふうにほかのスポーツと深いところで違う。バスケットボールは、バウンドに適した地面とバスケットゴールが必要だし、テニスは特別の道具と、完璧なボールと、ネットと、安定したコートが必要だ。ラグビーは怪我することなくタックルできるフィールドなどが必要なのである。スポーツは、それが必要とする物がどれくらいあるかに応じて、整理されていったのかもしれない。だから世界で最も貧しいアフリカの諸国で、サッカーと陸上競技をする姿が見られるのは、偶然ではない。実際、この二つは、遊戯レベルでインフラ（ストラクチャー）を求めず、財力などほとんど必要としないスポーツだった。

サッカーは単純なスポーツでもある。規則は万人に理解でき、わかりやすい。誰にでも議論ができるし、実際これまで議論されてきた（ブロンベルジェ、一九九五年）。なかには激しい論争を引き起こすものもある。なぜかといえば、いろんな解釈を招くからである。タックルは規則に適っているかどうか？あのプレイヤーは本当はオフサイドだったのではないか？　あのファウルは故意だったのか？　それにあのファウルはペナルティー・エリアのなかで起こったのか、そうではないぎりぎりのところで起こったのだろうか？　試合の翌日の仕事場や仲間裡の話を聞けば、サッカーの規則が議論を誘発していること一のスポーツとなるとは想像さえできなかった。サッカーの普及は本当に地球規模であり、その発展は前例がない。いかなる大陸も、いかなる国家もサッカーを過小評価していない。世界中には一億人以上の登録選手がいる。数え挙げることなどできぬほどの観客とサポーターがいる。そしてサッカーが恩恵に浴するテレビ中継がある。プロ選手の数やサッカーが生みだす給与は、他のスポーツと全然違う。それは「世界で一番深刻な些事」（ブロンベルジェ、一九九八年）と呼ばれ、基準となる参考スポーツと呼ばれたりするほどだ。

しかしどうしてサッカーはこれほど発展してしまったのだろうか。どのようにしてこれほどの魅惑をふりまいているのか？　私たちは、ヴァールがいかに巧く叙述しようとも、政治的、経済的、教育的な根拠に回帰することはないだろう。そうではなくて、右の疑問に答えるべく、スポーツそのものに立ち戻るつもりなのだ。

まず、どんな人間でも人生で最低一度はやったことのあるゲームだ、という点。小さくても大きくても、金持ちだろうと貧乏だろうと、白人・黒人の区別なく、皆、一度はやったことがある。特別な備品は何も必要ない。愉しむためには、どんな目標を持っていてもかまわないし、どんな地面でもプレイすることができる。レクリエーションの広場でもいいし、ストリートでもいい、ボールがあればいいし、よりもいっそう信頼するにたる真理の理解がありうるかどうか、ということです。同時に、社会の問題をも解決しうる真理の理解というものはありうるでしょうか。ここ三十年ぐらい、私たちは新しいやり方で、つまり、古い客観主義と主観主義の対立がもう支配的な役割を果たさないような仕方で、真理の問題ととりくもうという試みが、多かれ少なかれ自発的にさまざまなちがった領域のなかでおこり、並行した動きをみせていることを知っています。おそらくはウィリアム・ジェームズ〔一八四二—一九一〇〕の著作において公けにされた実用主義《プラグマティズム》の原型も、このような見通しのなかでみることができましょう。たしかにフッサール〔一八五九—一九三八〕の現象学や、マックス・シェーラー〔一八七四—一九二八〕、マルティン・ハイデガー〔一八八九—〕などの哲学（二人ともフッサールの流れをくんでいるのですが）、そうして、とりわけ、エーブナー〔一八八二—一九三一〕、ブーバー〔一八七八—一九六五〕、グリーゼバッハ〔一八八〇—一九四五〕などの名前と結びついている《われとなんじ》の関係の発見などは、主観—客観の対立をのりこえようとする企てなのです(1)。最後のほうにあげた思想家たちは、いずれもセーレン・キルケゴール〔一八一三—一八五五〕の影響をうけています。実存する人間の問題を指摘することによって、ヘーゲルの理想主義的な思想の非実在性をあばいたのは、だれよりも、まさにこのキルケゴールだったのです。しかし、キルケゴールがヨーロッパの思想に貢献したものは、元来はキリスト教的なもの、キリスト教真理観にほかなりません。

（1）これまで英語圏にはまったく知られておらず、マルティン・ブーバーとともに《われとなんじ》の関係を発見したという功績をわかちあっているひとりの思想家についてふれておく必要がある。それは『言葉と精神的な実在』（一九二一）をかいたフェルディナント・エーブナーのことである。マルティン・ブーバーはすこしばかりおくれて一九二三年に『われとなんじ』を書いたのであるが、エーブナーとは別個にその発見をなしたものであるように思える。《なんじとわれ》の関係について私たちが多くを負っている第三の著作家として、私はフリートリヒ・ゴーガルテン〔一八八七―一九六七〕の名をあげたいと思う。不幸にして彼はのちに権威の倫理を展開し、それはある種のナチのイデオロギーの宣伝者に誤用される結果となった。エーバーハート・グリーゼバッハはその初期の著作において同じグループに属していた。それにたいして、哲学者として、いわゆる実存主義学派の創設者として著名なマルティン・ハイデガーは《われとなんじ》の哲学とわずかな関係しかもっていない。これらの思想家たちはすべて、キリスト教的な《実存》の哲学の影響のもとに登場してきたのである。

もしも、神が第一義的な実在であるとすれば、神の言葉が第一義的な真理だということになります。したがって、真理は客体のなかにも、主体のなかにも見いだされるべきではなく、両者をこえています。そこで、真理は人間にたいする自己伝達における神自身なのです。もしも、それが真理であるとすれば、最も粗野な形の客観主義は――唯物論は――偶像崇拝、世界の神格化としての正体をあばかれてしまいます。しかし、そのときには、主観主義も、自我でないものを自分でつくりだすフィヒテ〔一七六二―一八一四〕の絶対自我とか、神的な実在である梵《ブラーマ》と同じである、インド哲学における大我《アトマン》の原理や、究極的には人間の理性と神的な理性とを同一視する、ギリシア理想主義における理性《ヌース》、あるいは最近の西洋哲学のさまざまな体系の根底によこたわっている、いろんなちがった形における理性の絶対原理などといった、絶対理想主義の最も印象的な形においてさえも、同様に、偶像崇拝、つまり、自己の神格化なのです。

単数の真理と複数の真理の区別

もしも、神の言葉が真理だということがほんとうであれば、私たちはまず単数における真理――神のことですが――と複数における真理――世界についてのもろもろの真理――とをまず区別しなくてはなりません。神が創造主であり（そうして創造主として第一義的な実在なのですが）、世界が神の創造（そうして、そのようなものとして、神のなかに基礎をもつ、派生的・条件的・相対的な実在なのですが）であるように、神-真理と、世界-諸真理という二種類の真理があるのです。この区別が一貫してつたえられてこなかったということは、キリスト教史の大きな悲劇の一つです。中世の神学は——そうしてこの問題に関してはプロテスタント正統主義も同じような見解をとっているのですが——神-真理の根源である啓示、つまり聖書を世界-認識の真理であり、規範でもあると考えました。そうすることにより、それは理性の正当で科学的な使用を束縛し、古代の聖書的な世界像に神の啓示という権威を刻印したのです。このようにしてコペルニクス〔一四七三―一五四三〕は愚かものとよばれ、彼の後継者ガリレイ〔一五六四―一六四二〕は異端として非難されました。なぜなら、天体の世界についての彼らの教えが聖書の天体像と一致しなかったからなのです。同じような理由で、ダーウィン〔一八〇九―一八八二〕は、動物界の大きな脈絡において人間を《動物《ゾーン》》として位置づけたために、神の敵とよばれました。教会は真理を——世界-真理を——探究している若い、真剣な、そうして高邁な精神をもった科学的な世代にたいして、犠牲をいとわないでみじめな聖戦をおこなったのです。

その報いは必ずおこるべきでした。科学は教会にたいして、いわば、おなじようなお返しをしましたが、こんどは科学のほうが神-真理と世界-諸真理の区別を見落としてしまったのです。科学はますます真理-認識を独占していると主張しました。科学的認識だけが真理であるという正当な権利をもち、科学的に証明されえないものは真理ではありえないという実証主義的な見解は——この科学的実証主義という正統主義は、中世の教権的正統主義とまったく同じ並行線を形づくっています——ただたんに哲学者や科学者たちのあいだに追随者をもっているだけではなく、ひじょうに通俗的な、広くゆきわたった信条となったのです。《科学》は真理であるというのがその教義なのです。真理への道は科学なのです。科学の範囲をこえたものは、なにものにもよらず真理であることを主張する権利はありません。科学の《賛成票》をえないものはなにものも真理とは認められません。さて、ひとたびこの科学の理論的な絶対化が確立されますと、その実際的な神格化がそれにともなわないわけにはいきません。科学は世界の救いだと考えられ、科学は人類の具体的な諸問題を解決するものであり、科学は、昔は神に帰せられていた役割を果たすものなのです。現代人は――とりわけ科学的に教育をうけた青年たちは――物理学、化学、生物学などにおける驚くべき進歩に陶酔し、原子力の秘密をおそってそれをさぐりだすことに成功したということによって足もとをすくわれ、このような科学の進歩から人生のあらゆる諸問題の解決を期待するようになっているのです。

科学的知識やその実際的な応用の可能性についてのこういった空想的な誇張は、神‐真理と世界‐諸真理の区別に気がつき、それゆえ、科学的知識のこえることのできない限界を知ったものには、とうてい理解しがたいことなのです。しかしキリスト教的な観点をもたないで、それゆえ、神‐知識と世界‐知識とのあいだのこの区別をすることのできない人びとのなかにも、すくなくとも科学的知識の一つの限界に気がついている人は多くいます。彼らは科学はけっして権威をもって《目的》について語ることはできず、事手段についてしか語りえないということや、科学はいかなるものの《意味》をも見いだすことができず、事実だけしか見いだしえないことや、それゆえ、科学は人間の無秩序が最もあらわになっている領域――つまり、人間関係の領域、倫理的・社会的・政治的な諸問題においてはなにもなしえないということに気がつくようになってきました。私たちが科学によって私たちの手にまかされている無限の力の手段と、人間生活においてそれを役立つように使用するということとのあいだの悲劇的な分裂に――とりわけ、たとえば原子爆弾のように、核物理学の領域における科学的発見の技術的な応用によって――直面していることが明らかになりました。この事実は科学でさえも、それ自体科学的知識をこえている倫理的規範の優位性のもとにたっているのだということを、多くの科学者や思想家たちに広く悟らせました。

しかし、この客体‐真理という考えにとりつかれたとき、量という見地からしか考えることのできない、質の領域に属するすべてのものにたいして盲目になってしまっている物質信奉者は、この状況に対応することはできません。このような人間が科学の救済力についていだいている信念は、唯物論やそこから派生してきた集産主義などと結びついて一種の技術宗教といったようなものをつくりあげました。そこでは熱狂主義と絶対的な無精神性、拝物主義と絶対的な人格への盲目性などといったものが、精神的・人格的な文化についてまだなにごとかを知っているものにとっては恐怖をもってしか考えられないような、最も恐るべき非人間性によって特色づけられるような一種のあたらしい人間性をつくりあげているのです。(1)これが実証主義、科学の神格化の果実なのです。

(1) このような精神構造は他のどこよりも現在ソビエト・ロシアにおいていっそうあらわになっているものの、それは他の産業諸国家においても同様に形づくられつつあるのである。それは広く現代の産物であって、もしそれが強力なキリスト教の動きによって対抗されなければ、支配的にならざるをえない。

世界‐知識と神‐知識の区別は——つまり、事物の世界は科学的研究にゆだね、神の存在、(1)意志、目的の秘義をあらわにしていくということは神の啓示のために保留しておくということなのですが——キリスト教信仰が真理概念の領域内でうみだしたただ一つのものであるというわけではありません。同じように重要な第二のものがあります。それでは、信仰に啓示される真理とはいったいどんな種類のものなのでしょうか。それはなにかを知るという意味での真理ではなくて、神‐人の人格的な出会いという意味の真理なのです。神はあれや、これやのことを啓示するのではありません。神はいくつもの真理を啓示するのではないのです。神は自分自身を伝達することによって自分自身を啓示するのです。神が啓示するのは、彼の人格の秘義であり、彼の人格の秘義とはまさに神が自己伝達的な意志であるということ、神が愛であるということなのです。

(1) 異なった科学において神‐知識と世界‐知識の区別がなにを意味するのか、ということは他の関連性のなかで検討されなくてはならないだろう。区別はけっして分離を意味するものではない。絶対的な知識と相対的な知識とは相関的なものである。

真理と交わり

ここでキリスト教の神観とその聖なる、憐れみにみちた意志の深さ、広さについて十分に論ずることはできません。私はただキリスト教の中心的な教理は――三位一体の教理〔本質的にただひとりの神が、父、子、聖霊の三つの存在様式をもっているという教え〕は――まさしく神の存在の秘義は交わりであるということを意味しているという事実を指摘することができるだけです。神はただ神の被造物である私たちと交わりたいというその意志を啓示するだけではなく、自分自身を、愛としての、自己を伝達する生命としてのその本質そのものを啓示するのです。三位一体の秘義は神における愛‐生命の秘義なのです。これは哲学的神学や宗教的な神概念のあらゆる類比を超越している知識なのです。それにはなに一つ類似なものはありません。神は、それ自身において、自己伝達的な愛なのです――これは聖書にしかない教えなのです。さて、それは真理とはそれによって最高の意味でよいもの――つまり、愛、交わりであるということなのです。理論理性と実践理性、真理の知識と倫理的意志の致命的な破れはこのようにしていやされます。究極的真理――究極的な実在と同一であるような真理——の問題の解決は、同時に、倫理的・社会的問題の解決なのです。啓示と信仰によって神の真理にあずかるものは、同時に神の愛にあずかるのであり、それゆえ、交わりのなかにいれられるのです。真理のうちにいるということは、神の愛のうちにいるということであり、神の愛のうちにいるということは愛する人間になることであり、神との交わり、人びととの交わりのなかにいるということなのです。

もしも、私たちがふり返ってみた場合、真理の問題を客体‐主体の対立のうえに固定化したことは、西洋精神史における みじめな誤ちであったことを知ることができます。究極の、最後の、絶対の真理は客体でも主体でもなく、ものでも心でも理性でもありません。この客観主義と主観主義のあれか‐これかはなにが究極の真理であるのかということをあらわにする、というよりはむしろかくしてしまいます。たとい知る主体もしくは自我がそれ自身を真理と定めたとしても、また、たといそれが認識されている客体——《あるもの》——を真理と断定したとしても——いずれの場合もこのような関係は究極的な真理をあきらかにするようなものではありません。神は私たちによって知られる客体でもなければ、私たちの知る主体でもありません。神は自己を伝達する絶対主体なのです。あるいは、聖書の言葉がいいあらわしているように神は主なのです。

真理が主体‐客体の二分法のなかで考えられていたかぎり、主体か客体のどちらかが神、究極的な真理、実在になるということは避けえないことです。いまや、主体も客体も究極的な真理ではありませんので、人間の心がたえまのない振子の動きのなかで一つの極から他の極へとうつっていくことは避けえません。この二つのうちのどれを選んでも静かに安らうことはできません。というのは、それらはどちらも本当の確信をあたえるものではないからです。客観主義から主観主義へ、そうしてまたその逆の方向へという方向変換は、ながいあいだには、そのいずれもが真理問題の答えとして信頼するにたるものではありませんので、避けえないものなのです。知り、考える自我がそのうえに立つときに、いったい、どうして客体、事物の世界は真理だなんていうことがあるのでしょうか。知られるものが、どうして、知るもの以上であるなどということがあるのでしょうか。他方、たといそれがどのようなものであろうと、中にはいりこめない実在性において世界がそれに当てがわれているのに、どうして主体が究極的な真理だなんていうことがあるのでしょうか。フィヒテは彼の絶対自我の哲学を啓蒙時代の世界に《明々白々の報告》[1]としてなげつけてもよいでしょう。しかし、いくばくもたたないうちにエルンスト・ヘッケルのような人物が野にあってそのきめのあらい唯物論を、宇宙のすべての謎を解決するものとして提供しているのです。そうして、フィヒテが見いだすひとりの読者にたいして、たしかにヘッケルの書物を純粋に科学的な認識の最後の言葉として買う百人、いや千人の人びとがいることでしょう。

(1)「新しい哲学の固有の本質についてより広い読者層にたいしてなされた明々白々の報告、読者が理解することを強いられる試み」(一八〇一年、全集第二巻三二四—四二〇ページ)。

しかし、信仰がそれを真理として知っているように、神の言葉が真理であるということが本当であるなら、それは真理は——絶対の、究極の、最後の真理は——私の向かいがわにある一つの客体として知りうる《なにもの》かでも、理性や精神や私の知る心でもなく、みずから進んで自分自身を私たちにあらわに示す神の《なんじ》なのです。まことに、神は私にたいして存在するのですが、しかも神は客体ではなくて精神なのです。まことに、神は精神ですが、私の精神ではありません。神は絶対主体なのであって、私はそうではないのです。神は私にたいして絶対精神もしくは自我として、私の主として、「私は主、あなたの神」というものとしてみずからをあらわに示すことによって、神は私の知識の客体とはならないのです。啓示の神はけっして私の知的所有ではありません。みずからを私に知らせることにおいて、神は私をまったく彼のものとするのです。もしも、私たちがここで《主体》と《客体》の範疇を使用すべきだというのでしたら、この真理関係において、私はこの主体の客体なのである、というべきでしょう。これこそ、真に神を知ることは神に知られることだ（第一コリント八の2―3）といったときに使徒が意味していたことだったのです。そうしてこの事実は――神が私を知り、私を知っているものとして、私にみずからを啓示するということは――聖書が選びといっていること、神が自由にあたえる至高の神の愛の行為である選びということにほかならないのです。

このことがキリスト教の使信《メッセージ》が真理を見いだすとよんでいることなのです。いまや私たちは福音書が「私は真理である」（ヨハネ一四の6）とのべている理由を知ることができます。究極の実在と同一の究極の真理は《なにもの》かではなく、神の言葉における啓示の神なのです。そうして、この神の言葉はただ神についての言葉ではなくて、そこにおいて神が私と出会う言葉、そこにおいて神が真理として私に出会う人格なのです[1]。これは神の人格という秘義が歴史的な人物において自己を開示する受肉の言葉なのです〔ヨハネ一の14参照〕。しかし、くり返していえば、この神の真理の開示ないし啓示は知識の《客観的》行為においておこるのではなく、それが同時に神の愛にたいして、孤独で利己主義的な人間主体の姿をあらわに示して、それによってそれをつくりかえるような仕方でおこるのです。

（1）　ブルンナー『出会いとしての真理』および『啓示と理性』第二章参照。

それでは、それは歴史的な真理なのでしょうか。そうでもあり、そうでもないのです。この啓示された秘義が真理として私と出会うのはまさしく歴史においてですから、それはそうなのです。この歴史的な啓示において私にいま語りかけているのは永遠の神ですから、それはちがうのです。それによって歴史的な出来事は歴史的であることをやめて生きた現在となるのです。過去の受肉が私にたいする真理となるのは、まさに現在の霊感によるのです。この現在の霊感がおこりうるのは、まさしく、受肉の言葉の歴史的な啓示によるのです。

この真理は、私たちが所有する真理ではなくて、私を所有する真理なのだと私は申しました。この関連において、聖書は哲学にとって知られない表現を用いて「真理のうちにいること」といっています。これはただたんに倫理的な誠実ということだけを意味しているわけではありません。この倫理的な誠実がふくまれていることはたしかなのですが。しかし、真理の《うちに》いることというのははるかにそれ以上のことを意味しています。それはキリストのうちにあること、神の愛のうちにあることと同じ意味をもっているのです。この真理が知られるところでは、知る中心のただなかでなにかがおこるのです。この真理を知るということは、普通の知識の場合とは異なり、よりゆたかになり、拡げられ、高められるということを意味しません。この真理を知ることはつくりかえられるということなのです。この真理のうちにいる、ということは新しい被造物、新しい種類の存在になるということを意味します。真理のうちにいるということは愛のうちにいるということなのです。ここであたえられるのはたんに知識だけではなくて交わりなのです。この真理を知るということは、愛する人間になるということなのです。

私たちは、もう一度、真理問題の歴史をふり返ってみます。その不幸な展開はただたんに客体‐主体‐対立の設定によって記録されるだけではなく、また真理と交わり、真なるものと善なるものとの分離によって記録されるのです。プラトンこのかた、私たちは真理の認識が、個人を交わりへとあつめるかわりに孤立させる方向へ展開してきたことをみています。人間が真理を客体において――事物において――求めるにせよ、また主体において――心もしくは精神において求めるにせよ、いずれの場合にも真理の認識は交わりをつくりだしません。それら孤立した精神的な個人をつくりだすか、それとも、集産主義をつくりだします。科学や技術は真に人類を統一しません。現代の技術がやっていることは、徹底的に非人格的な性格のくみあわせをつくることです。他方、理想主義哲学は、神秘主義と同じ程度というわけではありませんが、それと似たような効果をもちました。それは個人を世界から自由にしただけではなく、また仲間の人間からも自立させました、というのは、それは精神的な人格性の発展を究極の目的と考えたからなのです。[1] 理想主義はいつもある種の個人主義に立ちいたりますが、唯物論は他方ある種の集産主義に立ちいたります。真理と交わりとが同一なのはキリスト教の真理観においてだけなのです。真理は愛です。神は愛なのですから〔第一ヨハネ四の8参照〕。

（1） プラトンの『パイドン』における真の哲学者の修道僧のような傾向についての記述を参照（六六―七）。

科学的・神学的絶対主義

しかし、私たちの精神史にたいするこのような批判的な判断を、自信をもったキリスト教、パリサイ的な教会性の立場からくだすことはまったく誤っているでしょう。私たちはすでに歴史上経験的に知りうるキリスト教が神‐真理と世界‐真理を区別せず、あるいは、すくなくともそれらを一貫して区別しないことによって、悲しいことには自分の真理にたいして罪を犯したことを指摘しました。しかし、ここで言及しておかなくてはならない第二のもっと深刻な誤ちがあります。それは啓示された神‐真理と固定化された教義《ドクマ》との同一視ということなのです。聖パウロが神を知ることは神によって知られることである、といっているまさにそのところで、彼は教義主義的な教会が不幸なことにはけっして重視したことがない有名な一句を用いています。「私たちの知るところは一部分である」〔第一コリント一三の9〕。私たちが神の啓示によって知ることでさえ、私たちは一部分しか知らないのです。それは、ただ神の言葉であるかぎり、絶対的な真理なのです。しかし、いったんそれが私たちにより、私たちの知識として表現されるときには、ただちに私たちの人間的な条件の弱さと不完全のなかの一部分になってしまうのです。人間の教義《ドグマ》と同一視される神の啓示は神―真理を世界―真理にかえてしまっているのです。さて、形而上学の一般的な定式とはつぎのようなものです。形而上学とは神―知識の領域のなかに、世界―知識を獲得していく経過のひろがり、つまり、世界―知識の形式のなかにおける神―真理なのです。形而上学の内部では絶対的な真理、神はなにか知りうるものであり、人間自身の知識の領域の一部なのです。カントがあらゆる形而上学的神学を攻撃したときに念頭においていたのは、まさしくこれだったと私は思います。しかし、私たちがここで関心をもっていることは、形而上学の哲学的批判ということではありません。たとい哲学者にとってどのような形而上学がありえようとも、キリスト教的な観点からいえばそれは重大な誤りなのです。さらにいえば、それは神を私たちの思想の産物と同一視する偶像崇拝なのです。

キリスト教会の教義主義、すなわち、あの「私たちの知るところは一部分である」ということを忘れるやいなや起こってくる、神の啓示と私たちのそれにたいする公式的な表現とを同一視することの根底にこたわっているものは、まさにこのことなのです。絶対的なものと考えられる教会教義は、自分の真理についての知識を絶対化しようとする、人間の本来的な傾向から生じてきたものなのです。あらゆる教義主義と同じく、ほかのもの以上に、それは心と心情のかたくなさをうみだしました。それは必要な精神的な自由を束縛し、批判的な検討を破門追放し、このようにして合理主義的な教義主義か相対主義的な懐疑主義の形をとった、教会の教えにたいする敵意のある態度を反動的によびおこしたのです。

真理と愛の分離の宿命的な心理学的帰結

しかし、もっと重大な結果がありました。教会の教義主義は真のキリスト教的な真理理解というものをほとんど不可能にしてしまいました。それは何世紀ものあいだ、教会の内外において、信仰もしくは信頼ということはそれら自身の権威にもとづいて受けいれられるべき教会もしくは聖書によって教えられている、ある種の啓示された真理の受容を意味するのだという誤った考えをうみだし、支えてきました。この他律的な、権威主義的なものとしての――教える教会の権威とか聖書の権威への服従としての――信仰という誤った考えは、真の信仰‐認識をうるためのほとんど克服しがたい障害となりました。この誤った信仰の概念がはやっているところでは――信仰もしくは信頼というものが神と人間の出会いということよりも教理の受容と理解されているところでは――それはもう真理と交わりの統一ではなく、それゆえ、もう愛において働かざるをえない信仰ではないのです。この正統主義的な教義主義は信仰と愛とを分離し、その生活においてはもはや愛が特色ではない一種の信仰者をうみだしたのです。だから、教会は私たちの歴史をあまりにも不幸に特色づけている真理問題の誤解にたいして大部分責任を負っているのです。

まとめていえば、真のキリスト教的な真理の理解は、世界科学研究のためのあらゆる必要な自由をみとめ、それと同時に科学が人間実存の神秘を解く鍵をもっており、究極的な真理への根源であり規範なのであるといった誤解にたいしてそれを防ぐようなものなのです。信仰にあたえられる神の認識はただ真理への最高の努力をみたすだけではなく、それと同時に人間を神と人間との交わりのなかに導きいれるものなのです。一方、古代哲学においては真理と善との統一がぼんやりと感じられたり切望されたりしていましたが、知られてはいませんでしたし、[1]近代においては真理の探究と共同体の探究とは別れわかれの方向をとっているのにたいして、すべての実在の根底であり、あらゆる善の根源である神の啓示を通して、この真理と交わりの一致は到来しているのです。しかし、この純正なキリスト教の理解は、意識的にまた曖昧にキリスト教から離れていく現代精神への審《さば》きのなかにいるだけではなく、その教義主義によって真の理解をかくしてしまった経験的なキリスト教世界そのものへの審きのなかにいるのです。真理が私たちを自由にするであろう、というヨハネ福音書の偉大な約束は〔ヨハネ八の32〕伝統的なキリスト教によっては果たされず、いわんや、近代の主知主義的な真理概念によって果たされてはいません。科学もキリスト教の教義も、いずれも解放する力であることを実証しませんでした。科学は私たちの時代の倫理的、社会的な混迷のなかで当惑し、ほどこすすべもなく立ちすくんでいます。そうしてキリスト教会の教義主義は啓示の真理の信用を落とし、この混迷の真の解決を求めている人びとからそれをかくしてしまっています。しかし、新約聖書にあるような純度と深さとをもって、啓示の真の本来的な真理が人に把握され、いやむしろ人を把握したところではどこでも、道徳的な革新と交わりの精神の力がつくりだされました。そうして、それだけで自己解体をおこした人類家族を再統一し、社会の諸問題を解決することができるのです。そこにおいてはまた古い科学と信仰、信仰と知識といった問題が誤解であるとみられ、なくなってしまうのです。なぜなら、科学には科学に属するものをあたえ、啓示には啓示に属するものをあたえたうえで、なおも自分とは別にこの世界を創造し、みずからの存在と意志の秘義を啓示することを自分に保留しているひとりの神において、それらの統一をみることができるからなのです。

（1）プラトンの善に関する考え（『国家』Ⅳ・五〇八）と、近代においてそれに相当する、実践理性の原理であるようなカントの神観を参照。

四　時間の問題

東と西

人間と時間との関係は個人の実存の性格をも、ある時代や異なった文明の存在の性格をも決定する本質的な要因です。だれしも知っているように、私たちの生活を特色づけている性急さや、突進などということは、典型的に現代的なことであり、おそらくは根の深い病気の兆候だろうと思われます。しかし、人間と時間との関係を決定する根本要素を考慮に入れている人も何人かいます。現代人の生活が加速度的にはやさを増していくのはなにも現代人が時計や時間を節約する機械をもっているからではありません。現代人は時間との関係をもっているからこそ、時計や時間を節約する機械をもっているのです。そうしてこの関係は私たちがよく耳にする「私には時間がない」という文句のなかに最も生《なま》のかたちであらわされています。今日では幼児でさえもこういう文句を口にします。私たちはもうこれ以上この明白な現代世界の時間病の根源を調べることをのばすことはできません。

開かれた目と印象をうけやすい柔軟な心をもって東洋に旅をした人はだれでも、一致して静かな東洋と落ちつかない西洋とのあいだにいちじるしい対照を見いだします。私たちは、ある種の技術文明の外的な要素がこのような目ざましい相違にあずかって力があることを否定できませんが、その真の原因はこのような表面的なレベルにあるのではなく、時間にたいする異なった関係のうちにあるのです。東洋は西洋とはまったくちがった時間の概念をもっています。そうしてこの相違は宗教的・形而上学的な領域に属しています。すべての東洋の哲学や宗教において、この根本概念についての解釈はちがっているでしょうが、それにもかかわらず、時間は永遠にくらべるとなにか不適切で幻想的なのです。実在は時間の経過をこえてそのうえにあります。変化は不完全を意味します。ちょうど変化をもとめている人間は、彼がいま現にもっているものに満足しないからそうするように、変化に従属しているものはなにも真の存在とはみなされないのです。存在するものは持続性、永続性をもたなくてはなりません。それは自分みずからに満足し、無変化でなければなりません。それは自分のもっていないものを手に入れ、自分が到達していないものに達しようという衝動にとらえられてはなりません。真の存在は永遠です。この永遠の存在がどのようにちがって解釈されようとも、この考えは東洋世界全体にわたって共通なものです。この考えの徹底した表現は、再びインドにおいて見いだされます。変化する世界は非実在的です。実在は――すでに私たちが前講でききましたように――変化することのできない《一にして全て》なのであり、それゆえ、時間とはなんのかかわりもないものなのです。それは時間のない、動きのない、自己充足的な永遠なのです。それゆえ、インドの思想家にとってはその動きのない永遠の存在、涅槃《ねはん》（Nirvana）にはいること、あるいは、それにあずかることが最も深い願いであるわけなのです。

ギリシアの永遠観

しかし、このような概念は古代ギリシア人にとって異質的なものであったわけではありません。私たちはその最も大胆な表現をパルメニデス〔前五〇〇（四七五）頃—?〕の体系において、もっと極端でない形においてはプラトンの理想主義において見いだします。《真に存在するもの《オントース・オン》》（ὄντως ὄν）、理想の世界の真の存在は、たんなる仮象や感覚世界の半実在とは、それがすべての変化をこえる無時間的な永遠であるというまさにこの事実によって区別されます。しかし、この感覚的経験の世界はたえまのない変化と生成の流れとともにとり去られてしまいます。永遠の世界と時間の世界とのあいだに明確な対立があります。永遠は時間の否定であり、時間は永遠の否定なのです。この時間の世界がどうして存在するようになったのか、それはどのような種類の存在をもっているのか、などということはプラトンの前提からはとうてい満足すべき答えがあたえられないものなのです。プラトンは一方においてはパルメニデスによって代表されるような愚直な時間の世界の否定からはなれようと欲し、他方、彼は時間や生成の世界にしかるべき場所をあたえることに成功していないように見えます。すでに私たちが見ましたように、中世世界の形成にとってひじょうに重要な新プラトン主義は流出という概念によってこの問題の解決をはかりました。流出というのは同時に一種の退化を意味しています。流出もしくは降下の過程によって半実在のすべての段階制が永遠の真の実在と絶対的な無とのあいだに確立されたというわけです。この段階制において、それぞれの段階の永遠からの距離はまた真の存在からの距離もしくは無へ近づいていく尺度なのです。このようにして永遠の真の存在からゼロへの不断の接近がうけとられ、それは近代の進化の概念と並行した考えを形づくっていますが、正反対の方向にむかっていくのです。

現代史における永遠的なものの消失。時間の量化とその心理学的帰結

現代人の時間の理解はこの概念とはまったくちがっています。彼にとっては時間的なものが実在的なものなのです。なにか永遠的なものがあるかどうかはたしかではありません。しかし、時間における事物は、たずねるまでもなく実在しているのです。しかし、現代人の時間の概念とはどんなものでしょうか。彼の実在観を決定するものは量的なものですから、時間も量なのです——時間の単位、時間の原子からなりたっている計量できる時間なのです。時計の秒針は現代人の時間理解を象徴するものです。彼は現在の瞬間において実在性をもとめますが、しかしこの現在の瞬間というのは最も小さな目にみえない時間の要素もしくは断片なのです。したがって、人生というものはそのような断片的な時間の実在、時間原子の総計もしくは寄せ集め以外のなにものでもありえません。この量化された物理的な時間は空間とのはっきりとした違いというものをまったくうしなってしまいました。それは空間の第四次元になってしまったのです。(1) 量化された時間は空間化された時間です。時間は空間のなかにおちこんでしまいました。それは固有の量をもっていません。それは空間と交換することができるのであり、それゆえ、いつもゼロに変わろうとしているのです。

（1） もちろんベルグソン〔一八五九—一九四一〕の《純粋持続》(durée pure) の思想は時間のこのような空間化を克服しようとする試みであった。たいへんちがった仕方において、ハイデガーの《現存在》(Dasein) の概念も同様な企てであった(『存在と時間』)。しかし、双方の時間問題の解決はキリスト教とははなはだちがっている。ベルグソンの《持続《デュレー》》は時間性と永遠との汎神論的もしくは神秘主義的な混合であり、他方、ハイデ

ガーの《現存在《ダーザイン》》は超越をもたない死にいたる生と相関関係をもっている。しかし、現代の指導的な哲学者たちが、それ以前の哲学のどの学派にもまさって集中的に時間の問題をとりあつかっていることはひじょうに重要なことである。

時計とか電話とか飛行機ではなくて――まさにいまのべたこの概念こそが、人間が時間をもてなくなった原因なのです。時間は彼がこれを技術的に克服するよりもずっと以前に、彼にとって形而上学的にうしなわれてしまったのです。あらゆる人なみの市民が秒の単位まで自分の時計を合わせるために注意を払うラジオの正確な時報、どんなときにも正確な時間を彼に示してくれる腕時計――これらの装置はいずれも人間がそれを欲し、時間がその指のしたから消失してゆき、彼が時間をもはやもたなくなってしまったので発明されたものなのです。私たちはここで、東洋的な見解とは正反対の極に到達したのです。ファウストが「どうかとどまってほしい。おまえはそんなにもすばらしい」といいうるような瞬間を見たいとのぞむことはむだなことですし、ニーチェ〔一八四四―一九〇〇〕がすぐれた詩のなかで「なぜなら快楽は永遠をのぞむ、深い深い永遠をのぞむからである」と叫んでもむだなことです。もしひとたびみなさんがさしあたって自分の取捨選択を明らかに宣言するとすれば、徹底した時間性としてのみなさんの実在性は決定されてしまいます。しかも、徹底した時間性とは消えゆく時間のことなのです。時間はたえまなくゼロに近づきながら、だんだんなくなっていくのです。

現代人はまさしくこのような理由によって、できるだけたくさんの時間を《自分の時間のうちに》うるために、この時間をできるだけ多くうばいとりたいとねがっています。彼は、いわば、時間と競走をしはじめ、そうしてこの競走において人間は不可避的に敗者となります。なぜかといえば、勝負の決着がつくのは最後の瞬間ですし、その最後の瞬間というのは死であるからです。人は死と競走をしますが、しかし、死は勝ちます。全生涯を通じて、死との競走で敗けることが確実にわかっているというこの事実が無気味に迫ってきます。しかし、だれもそれと直面したくはありません。人間が勝利をうるチャンスは絶対に望みがないので、それについて考えることが回避されます。現代人は死についてすべてのことを思いおこすことができるとともに、それを見えないところにおいてしまいます。彼はそれについて聞きたいとも思いません。なぜかといえば考えれば自分が敗者だということを思いおこすからなのです。同時に、死の記憶は奴隷となっている運転手のようにむちをもって後ろに立っており、彼を追いたてているのです。人は叫んでいいます。手おくれにならないうちに、戸が永遠にしまってしまわないうちに私は、これと――これと――そうしてこれをもたなくてはならないと。それは閉ざされた戸の恐慌です。この恐慌は現代生活の典型的な特色の多くを、たとえば人間の性急な享楽、なにものにもまさって支配的な安全への渇望などを――彼はそのためにはついには自由と魂をも犠牲にするのですが――説明してくれます。

キリスト教思想における永遠と時間

キリスト教的な時間理解とその永遠との関係は、東洋と西洋の対立した見解の中間に、しかもまたそれらのうえに、それらを超えてたっています。一見それは西洋的な概念よりも、東洋的な概念にずっと似ているように見えます。その主要な主張は、神は永遠であり、それゆえ、真の実在は永遠なのだということです。福音は永遠の生命の約束ではないでしょうか。神は不変であるといわれているのではないでしょうか。「父には、変化とか回転の影とかいうものはない」（ヤコブ一の17）。彼は昨日も今日も永遠に同じなのです〔ヘブル一三の8参照〕。「あなたの目のまえには千年も過ぎ去ればきのうのようです」〔詩篇九〇の4〕。はじめからおわりにいたる時間の経過はすべて神のうちにあるのです。神には意外なことはありません。起こることはすべて彼の永遠の御旨《みむね》にしたがって起こります。神は永遠なのです。

しかし、この永遠の神が時間的な存在や生成にたいしてもっている関係は、インド思想やパルメニデスやプラトンや新プラトン主義の体系とはまったくちがっています。神は時間を創造するのであり、時間を《あたえる》のです。全能なる神は、人間にその自由のために余地をあたえるように、彼は自分のため、自分の生成と自由な行為のために時間を創造するのです。時間性は無への接近ではなく、いわんや被造世界は非実在的なものではありません。神は世界とともに時間を創造し、時間にはじめをあたえたのであり、また、時間におわりをあたえることでしょう。神はすべての人にその時間的存在のはじめとおわりとをもった時間をあたえますが、時間のおわりとはじめとは同じではないのです。時間の経過はそのはじめにまで逆行しません。出発点と終着点というこの二つの点のあいだで、神にとってさえも実在的で意味のあることが起こります。神が無限に関心をもつ歴史、個人の歴史そうして普遍的な人類の歴史があります。神は歴史に激しい関心をもっているので、興味をもっている見物人のようにただ人間生活の情景を見下すだけではなく、彼自身がそのなかに介入してくるのです。さらに、この時間の経過のある時点において、神自身が時間的な生活の局面にはいりこむのであり、永遠者である彼は歴史的な人格の形であらわれ、そのようなものとして歴史全体の決定的な行為を一度かぎりおこなうのです。神の言葉の受肉はただちに永遠の神が時間のなかにはいりこんでくるということなのです。「時の満ちるにおよんで、神は御子をおつかわしになった」(ガラテヤ四の4)。そうして神は彼において、その意志の永遠の秘義を私たちに啓示されたのです(エペソ一の9)。

時間の方向、決断の時

この出来事は人間の歴史の時間に極度の緊張をあたえました。(1) 終末を期待すべき時なのです。それは閉じられた戸ではなくて開かれた戸である終末なのです。それは完成への期待なのです。そのような仕方で理解される時間は決断と試みの時なのです。個人の永遠の定めが決定されるのはそのような時なのです。それゆえ、この時間の観念は、時間的なものにたいする東洋的な無関心からも、現代の西洋人の時間－恐慌からもほど遠いものなのです。このことはこのうえもなく重要なことです。というのは、いっさいが私たちにとって決定されるのは時間のうちにおいてであり、あらゆる瞬間は決断の瞬間であるからなのです。私たちはあらゆる瞬間において信仰をたもたなくてはなりません。召使いたちは、主が到来するその日その時を知らないので、いつも目を覚ましていなくてはならないのです。しかし、彼らはもしも主が彼らの眠っているのを見たら、彼らは失われるのであり、婚礼の夜の閉ざされた戸をむなしくたたきつづけた愚かな乙女たちにたいしていわれたように、彼らにたいしても「私はあなたがたを知らない」（マタイ二五の12）といわれるだろうということをよく知っているのです。

（1） 一九二九年の『ドイッチェ・ブレッター・フュア・フィロゾフィー』における私の論文「唯一回的なものと実存性格」および『キリスト教神論』二八五ページ以下参照。

同じく、はなはだしい決断の緊張と重みがそのなかにふくまれているにもかかわらず、この時間性は究極の実在ではありません。それははじめにおける神の選びと、時間を超え、死の限界を超え、この歴史的な動きを超えた永遠の完成とのあいだの間奏曲《インテルメッツォ》なのです。

時間のもっているこれらの二つの局面は、私たちにキリスト教歴史観を理解させてくれます。しばしば考察されたように、歴史の問題は東洋思想においても、古典ギリシア思想においても、なんらの役割をも果たしていません。東洋人にとってもギリシア人にとっても——そうして聖書の啓示以外のすべての人類にとってと私たちはいってもよいでしょうが——時間的な出来事の姿は円環の姿なのです。時間的なものは、それがなにか実在性をもち、意味をもつかぎり、円環運動であり、いつも自分自身のところにもどってきます。それは私たちが自然のなかで観察するような、永久に回転していく昼と夜、夏と冬、出生と死亡の動きと同じ運動なのです。この運動には絶頂はなく、それはどこへも導いていかないのです。それゆえ、それは思考の対象にする価値がありません。他のすべてのことを問題にしたギリシア哲学が、歴史を哲学的省察の対象としたことがなかった理由もここにあります。

思想の主題としての歴史の主題は、旧約聖書の預言者と新約聖書の福音書によって私たちの意識のなかにもたらされました。ここでは歴史は円環運動ではありません。神がそこにおいて働き、そのなかで自分を啓示するがゆえに、歴史は新しいものに満ちています。歴史的な時間経過はどこかへと導いていくのです。歴史の線はもはや円環ではなくて、はじめと中間とおわりとをもった直線なのです。これは——もしも私たちが一つの直接的な喩《たと》えを用いることがゆるされるなら——神自身がある点においてこの円環のなかに介入して、その永遠のすべての重みをもってこのときの円環を真っ直ぐにのばし、時間の線にはじめとおわり、つまり、方向をあたえたのです。この神の言葉の受肉、もしくは《時間化》によって時間は無限の強さを加えられました。それは、私たちが申しましたように、待望の時、決断と試練の時となったのです。このようにして歴史は思想家にとってさえも主題として興味のあるものとなってきたのです。いまや聖アウグスティヌス〔三五四―四三〇〕のような最高級の思想家にとっても、その『神の国』(De Civitate Dei) を一種のキリスト教歴史哲学として書くことが時間をかけるだけの価値のあることになっているのです。じっさい、これはかつて書かれた最初の歴史哲学なのです。(1)

(1) たしかにトレルチが指摘するようにアウグスティヌスの『神の国』が歴史《哲学》でないことも真実である(『歴史主義とその諸問題』一四ページならびに一五ページの注)。問題はトレルチが《哲学》と認めるものがなにか、キリスト者が《歴史》と認めるものを取りあつかいうるかどうかということなのである。

私たちは、時間性の緊張について語ってきました。しかし、キリスト教的な実在を恐慌におそわれた現代人とくらべると、私たちはまた緊張がとりのぞかれることについても語りうるでしょう。「私は確信する。死も生も……現在のものも将来のものも、……私たちの主キリスト・イエスにおける神の愛から、私たちを引き離すことはできないのである」(ローマ八の38)。「私は思う。いまのこの時の苦しみは、やがて私たちに現わされようとする栄光にくらべると、いうに足りない」(ローマ八の18)。キリスト者は、そのキリスト・イエスを信ずる信仰によって時間‐超越的、時間‐免除的であって、すでにきたるべき永遠のなかで生きているのです。彼の生活や他の人びとの生活のなかで、地上の出来事と同様に重要なことは、すべてにまさって重要なこと、真の決断がすでにキリストにおいてなされたのであり、信仰者の生活はただ以前のこの決断にもとづいて生きることで成りたっているということでしょう。これが「信仰によって生きる」ということによって意味されていることなのです。

キリスト教的な時間概念は、そこで、最も強烈に時間的な出来事に参与することをゆるし、私たちをそうするように強《し》いることさえもするのであり、——新約聖書のなかで示されている姿は通常、ゴールに達しようとしてその最後のエネルギーを用いている競技者の姿なのですが——同時に閉ざされた戸の恐慌からおこる性急さと異常な興奮から自由になることをゆるし、私たちに強制さえもするのです。信仰に生きる人間は創造主の意志が彼の創造したもののなかで、現在よりもいっそう悪の支配のもとで十分に発揮されるように、この地上で起こっていること、なにかよりよくなっていくことに真剣に熱中するのです。しかし同時に、キリスト者の人生への感じ方はこの地上の目標が達成されるかされないのかということに依存しているわけではありません。彼は自分が神の意志の実現のためになしうることはなにごとによらずせいぜい相対的なことにすぎないのだ、ということを知っています。彼はこの時間性の内部で起こることはなにごとによらず、死ともろさといった限界によって取りかこまれていることを知っています。しかも、この克服できない障害への洞察も、彼をあきらめさせることはありません。彼の本当の、究極の希望は、時間的な歴史内で達成されうることにもとづくのではなく、神の目的の実現にもとづいています。それは人間の行為にも、時間内部の出来事にも依存せずに、時間的な世界を終わらせるものであり、《一つの》目標ではなくて《特定の》目標、究極の目的《テロス》（τέλος）、神があたえ、永遠の生命をもたらすことにおいて成就する万物の完成なのです。

進化と進歩

歴史とその目標についてのキリスト教の理解は、私たちの時代の特色となっている、進歩と進化の思想とははっきりと区別されます。普遍的な進化という概念は東洋の世界においてだけではなく、古代、中世、そうして宗教改革から十八世紀にいたるまでを考えたかぎりでは、西洋においても知られていませんでした。時間的な現実の全体が円環の象徴によって解釈されているところでは、普遍的進歩といった思想の起こる余地はありませんでした。ヘラクレイトス〔前五〇〇頃〕の《万物流転《パンタ・レイ》》(πάντα ῥεῖ)も、アリストテレスの《エンテレケイア》〔自己の目的を自己自身のなかにもったもの〕も、方向性をもった時間の経過というようなことを意味してはいません。ヘラクレイトスが語っている出来事の流れは、方向も目標もない運動、動きをくり返す海ともくらべられるような永遠の変動なのです。しかし、アリストテレスのエンテレケイアの運動も歴史とはなんのかかわりももっていません。それははじめもおわりもない運動なのです。いかなるギリシアの思想家も、コスモス〔秩序ある世界〕を後代の世代がそれより以前の世代よりもともかく改善されるように、目標にむかって時間のなかで方向づけられた運動をあらわすものとは考えませんでした。もしも、この時間の経過のなかで普遍的な方向といったものがあるとすれば、それはむしろ上向きの運動というよりは下向きの運動であり、進化もしくは進歩というよりはむしろ衰退もしくは退歩なのです。私たちがヘシオドスに見いだすような、連続していく世界の時期といった神話的な概念はそのようなものですし、新プラトン的な形而上学からも似たような結論をひきだすことができましょう。

しかし、進化という考えはまた初代キリスト教においてもまったく知られていませんでした。きたるべき神の国といった基本概念が、そのうちに歴史の目標という思想をふくんでいることは本当です。この歴史的・時間的な世界においてこの神の国のかくれた芽生えが、集中的に広範囲にわたって成長しているということも本当です。しかも、それでも普遍的な進歩という考え方はこのようなキリスト教の概念のなかでは不可能なのです。なぜかといえば、この神の国の成長というものとならんで、同時にこの時間的な世界のなかには、悪の諸力とその影響力の成長があるからなのです。毒麦と麦とは共に成長しているのです

（マタイ一三の30）。神の国に反対するものが神の国の成長と同じ割合で成長しているのであり、それゆえ、のちの世代が前の世代よりもよくなるということはけっしてないのです。むしろ反対なのです――善と悪の葛藤が最高潮に達するのは最後の日においてなのです〔マタイ二四の3以下参照〕。歴史の目標は内在的な成長や進歩によって達成されるのではなくて、歴史のおわりにおいて人間の状況が革命的に変革されることによって達成されるのです。その変革は人間の行為によってもたらされるのではなく、神の介入――受肉と同じような介入、すなわち《来臨《パルーシア》》（*παρουσία*）、主の到来、死者の復活、永遠の世界の到来によってもたらされるのです。この人間の歴史の終末が、連続性とか内在的な成長といったものとはっきりちがっているということは、《怒りの日《ディエス・イライ》》（dies irae）、人類の歴史に終わりをもたらす最後の審判の日の思想において最も明瞭に示されています。宇宙の構成は破壊され、死――《最後の敵》、そうして時間的な世界の特色となっているもの――は克服され、滅ぼされて、永遠の世界が確立されるのです。この終末の描写のなかに普遍的な進歩とか進化といった考えがはいりこむ余地はありません。

他方、進化とか進歩とかといった考えがまず自然科学のなかで仕上げられ、そのあとで歴史観に影響をあたえたのだと俗に信ぜられていることはうそです。本当はその反対なのです。この考えは進化論的な歴史観から自然科学に移植されたものなのです。ラマルク〔一七四四―一八二九〕やダーウィン〔一八〇九―一八八二〕などはこの現代思想の開拓者ではなくて、その継承者たちなのです。真の開拓者はルソー〔一七一二―一七七八〕、レッシング〔一七二九―一七八一〕、ヘルダー〔一七四四―一八〇三〕、ヘーゲル〔一七七〇―一八三一〕などといった人びとなのです。進歩と進化の思想は啓蒙時代の楽観主義哲学の産物なのです。

その基礎は人間性の楽観的評価であり、その否定的な結果としての、堕罪と原罪についてのキリスト教の基本的な考えを拒否することなのです。人間性そのものは善であり、それはすくなくともなにかよいものに、真の人間性に形づくられるのに適した素材なのです。この人間論は原理的な思弁にもとづいているのではなく、観察や事実にもとづいているように見えます。歴史は原始人からはじまります。彼は完全な人間性がそこから形づくられる素材なのです。彼はその知的な能力がまだ開発されておらず、その文化生活がまだはじまっていないような人間なのです。文明と文化は数千年にわたり、一つの世代から他の世代へと成長していく経過をたどってしか手に入れられないのです。十八世紀において、人類の普遍的な進歩という思想の中心的な支えとなっているのは、文明の恩恵が継続して成長し、人間の知的能力の使用が進歩しているというこの事実にほかなりません。

永遠の代用品としての進歩

しかし、この考えははなはだ疑わしい等置法を使ってはじめて可能となるのです。すなわちそれは、より発達している人間生活というのは文化的な意味においてであり、より人間的な、あるいはよい生活というのは倫理的な意味においてであるという仮定、それゆえ、道徳的な悪は原始的でまだ発達していないものであり、よい、真の人間はもはや原始的でない、発達した人間と同一であるといったことを仮定してはじめて可能になるのです。あるいは——同じことを否定的な角度から表現すれば——普遍的な進歩という理念は、悪を罪、すなわち、神の意志や道徳法と矛盾したり、それと対立したりする利己的なわがままとか自己肯定として理解する、キリスト教的な罪悪観を否定してはじめて可能になるのです。キリスト教的な概念によれば、原始的な心の状態と発達した心の状態とのあいだに連続性はありますが、道徳的な善と道徳的な悪とのあいだには連続性はなく、矛盾しかありません。罪として理解される道徳的な悪は、まだ善になっていないものではなくて、もう善ではないものなのです。罪は未発達の善ではなくて、台なしにされ、悪用された善なのです。それは、なにかまだそこにないものではなく、否定的な性格をもったものが、神の意志にたいする人間の意志の敵意が、現にそこにあるということなのです。それゆえ、普遍的進歩という考えは、矛盾の代わりに、然《しか》りと否《いな》の関係のかわりに、ただより少ないということとより多いということの相対的な対照をもってくることによって可能になるのです。その結果、キリスト教の贖罪《しょくざい》観は文化的発展という理念におきかえられるのです。人間はその知的な能力を使うように訓練をされればされるほど、彼はますます外界や自分自身の勢力を支配する権力をえて、いっそう人間的になるのであり、それゆえ悪はますます消え去っていくのです。これが現代人にお気に入りの、最も影響力をもった考えの背後にある根本的な幻想なのです。

しかし、十八世紀の哲学は――キリスト教以前の合理的な哲学にはまったく知られていなかった――歴史がそれに向かって動いていく目標といった思想を、いったいどこからえたのでしょうか。答えは明白であり、その証明はレッシングやヘルダーなどのような思想家のうちに見いだされると私は思います。歴史の普遍的な目的という理念は、その前後の関連がまったく変形されはしたものの――キリスト教の遺産なのです。キリスト教歴史観においてはこの目標が超越的な性格、すなわち、復活と永遠の生命の世界なのにたいして、ここでは原始的な生活を文明化された文化生活へと導いていく運動において想像的に設定された目標と同一視される内在的なものになってしまうのです。このような仕方において、十八世紀のなかば以来、最高の知識人たちをとらえた理想主義的な進歩主義の――うっとりとさせる、とまではいわないにせよ――元気をあたえるような考えが形づくられたのです。それは楽観的な人間論とキリスト教終末論とのあいだにうまれた私生児なのです。人類全体は原始的なはじめから、多少なりとも動物的な出発点から、真の精神的な人間性という最高の頂きまで上昇していく独自な過程のなかにまきこまれているのです。私たちの世代がそのなかにまきこまれているこの過程は、とても終わるどころではありません。それはたぶん、けっして終わることはないでしょう。しかし、私たちはたえまなくその目標に近づいてはいるのです。（1）

（1） 最初の理想主義的な歴史哲学はレッシングの『人類の教育』（一七七七および一七八〇）であり、ヘルダーの『人類の歴史哲学への見解』（一七八四―九〇）がすぐそれにつづいた。私はシュライエルマッハー（一七六八―一八三四）の『哲学的倫理学』のなかに埋もれている彼の見解ほど明瞭にこの楽観的な進化主義の特色をあらわしているどのような歴史哲学の体系を――ヘーゲルのそれにおいてさえも――知らない。

近代の自然科学がうけついでいるのはこのような進化の理念なのです。それはただ自然科学自身の手段によって補い、支え、実質化されなくてはならなかったのです。ラマルク、ライエル〔一七九七―一八七五〕、ダーウィンなどはこの理想主義的な概念から、この地球上の生きもの全体をふくむ進化の理念をひきだしたのです。十九世紀後半の科学的進化論は二つの要素から成り立っています。それはこの理想主義的な進歩の理念と、それと結びついている生物学の領域におけるある種の観察なのです。十八世紀の哲学が人間の歴史のかぎられた分野でやりとげたことは、いまやもっと大きな前後関係のなかにもたらされたのです。私たちの遊星〔地球〕上の有機生物の形態史は、普遍的発展というこのような楽観的理念を確証するように見えました。原始的な、まだ分化されない形態が、分化された、より高度の形態もしくは有機体に先立つというのは普遍的な事実ではないでしょうか。それゆえ、生物は未知の高みへむかってどんどん動いていくように見えるのでしょう。再びこの進化論の自然主義的な形態が正当でない同一化、つまり、生物学的な意味でより《分化したもの》が、人間的・精神的な意味で《より高度なもの》なのだという同一化にもとづいていることは見落とされていたのです。

しかし、ひとたび当然のこととしてうけとられるや、進化の概念は古代思想界においては否定的な概念でしかなかった時間的な生成に新しい価値をあたえるように思われました。生成の過程において、完全なものはしだいにあらわれてくるように思えます。[1] 古代哲学においては超越的な、無時間的な理想の世界と同一視され、キリスト教思想においては超自然的な神の領域のために保留されていた、完全という理念の輝きは歴史的な世界と自然的な経過に移行したように思えます。それ以来、純粋に世俗的、自然的な原理、物質的な原理にもとづいてさえも完全を信ずることができるように思えたのです。進歩の理念は自然科学という広い分野にはいってきたので、それはあらゆる形而上学的、宗教的な前提からも独立したものになったように見えました。それは自然を説明する手段となったのです。

（1） この楽観的な進化論の典型的で最も影響力のあった代表者は『実証哲学講義』や『実証的政治体系、あるいは人類教を設置する社会学についての論議』（一八三〇―五四）などにおけるオーギュスト・コント（一七九八―一八五七）である。コントの体系においては科学信仰はまったく内在的なものではあるが、精神的な要素とむすびついているのにたいして、ハーバート・スペンサー（一八二〇―一九〇三）の進化論的哲学はこのような宗教もしくは理想主義を思いおこさせるようなものさえもとりのぞいている。スペンサーの進化への信頼は《分化》と《統合》というまったく自然的な経過と、実利主義的な思想の役割にもとづいていた。たとえばレアドのギッフォード講演（『有神論と宇宙論』）においてくわしくのべられているような、もっと最近の《意外な進化》の理念は思弁的理想主義とベルグソンの新シェリング流の《創造的進化》（évolution créatrice）の思想にしたがっている自然主義的進化論をいっしょにしたものである。

これはたしかにルソー、レッシング、ヘルダー、ヘーゲルなどの考えではありませんでした。彼らが進化について語っているとき、彼らは同時に内在的であり超越的な、自然的であって神的ななにかを意味していたのです。彼らにとって進化はただ因果の分化過程であるだけではなく、文字どおりの進化、つまり、自然のなかにかくされているなにものかがあらわになることだったのです。彼らにとって時間の経過はただちに自然的であって超自然的なもの、そうして、たしかにいずれにせよ、目的論的であって精神的なものであり、ただたんに因果的で物質的なものではなかったのです。しかし、ダーウィンの選択理論によって目的論が廃止されたようです。そのような経過だけではなく、進歩、つまり、ある特定の方向をもっている経過をも説明するためには因果律という一つのものだけで十分でした。いまや究極性の原理をもつことなしに、究極性をもつことができるようになり、因果律にもとづいて目的論をもち、たんなる自然力によって歴史の方向をもつことが――ひと言でいえば、自動的な進歩が可能になったのです。

この新しい現象――進化と進歩の理念は――生成の立場から重要であるだけではなく、私たちが現代においてひじょうに特徴的だと考える、実存の時間化といったあの特色の一要素としても重要なのです。進化論によって永遠を拒否してもなおかつての時代に永遠と結びついていた価値をすべて保存することができるように見えました。永遠はもう人生の意味をあたえるために必要でなくなりました。進化ということによって解釈された時間的な生活は、それ自身が方向であり、究極性であるわけです。そのような理由によって、進化論は時間化の、人間実存における永遠の理念を徹底的に拒否することとの、最も有力な要因の一つとなったのです。

しかし、私はどうしてもこれとはちがった結論に導いていくいくつかの考察をしておかなくてはなりません――

1　たとえ普遍的な進歩という考えが正しいとしても――私たちはけっしてそんなことなどを認められはしないのですが――この進歩の結果は個人にたいしてはごくわずかであるということは否定しがた

いことです。私たちは何世代にわたっても、何世紀にもわたって考えてみなくてはなりません。これは関心が個人的なものから集合的なものへと移っていったということを意味しています。個人とその運命、未来などは不適切なものとなっています。ものの数にはいるのは全体だけなのであり、あるいはむしろ、この進化の主体となっているのはいわば一種の抽象的な人類なのです。

2　それゆえ、この現在の存在はそれ自体では意味も価値ももっていません。それはただの移り変わり、上のほうへ行くはしごの横木を示すものにすぎません。それ自体の価値は――もしも、私たちがそのような評価を問うならば――無限のものとしておかなくてはならないのであり、それゆえ、自由に問題にされるものにしておかなくてはなりません。

3　しかし、このような要素は、私たちが時間がどんどん少なくなってゼロに近づいていくこととよんできた方向へと導いていきます。現実に存在している人間は、大きなフィルムの一巻のなかの一つの瞬間写真の一こまのようにあらわれます――この写真はそれだけをとってみた場合には映画のフィルムのなかから一枚だけきりとったものと同じように無意味であり、スローモーションのフィルムのように馬鹿げたものなのです。それゆえ、この進化という考えは――その最初のうっとりするような効果が失われたからには――生命からすべての実質的なものを取り去ってしまったにちがいありません。つまり、生命そのものは、内部から食いあらされたということなのです。

キリスト教と進歩の理念

いうまでもありませんが、そのような自然的な上昇運動といった普遍的な進歩の考えはキリスト教信仰と一致しません。これはキリスト者が自然科学における進化論のある種の面を認められないということを意味するものではありません。キリスト教的な観点からいえば、地球上の生命が何百万年にわたる長い歴史をもっており、多くの変化をへてきたのであり、人類の起源がはるかに有史以前の原始的なはじまり、おそらくは動物的な形をもつものにまでさかのぼるだろうということを否定する理由はなにもありません。良心的な科学者が自分自身に課している限界のうちで、進化論はキリスト教信仰と衝突するものではないのです。

しかし、キリスト教的な観点から、この進化論的な思想の二つの要素が退けられなくてはなりません。第一は、道徳的な悪もしくは罪を原始的なものと同一視することであり、第二は、人間の知性の発達、技術的な熟練、文化的な豊かさがそれ自体真に人間的な意味において進歩であると仮定することなのです。キリスト教の人間観は、知的な諸能力の高度の分化も、文明の手段の増加も、善とか真に人間的なものとかという点に関しては最も曖昧なものである、という信念をそのうちにふくんでいます。それは道徳悪の増加や破壊的な非人間性の増加ということをもちょうどその逆のことと同じように意味しうるのです。最高の科学的・技術的な訓練をうけ、何世代にもわたって累積された文明生活の富を支配している文明人も道徳的に悪く、悪魔的でさえもあるかもしれず、もしもそうであれば、彼はそれだけいっそう危険なのです。高度に発達した人間の精神と、高度に発達した人間の文明は、悪魔じみた狂気の狂暴な一瞬において、すべての利益と財産を破壊できるような時点に達しているかもしれません。

それゆえ、現代において進歩の理念と聖書の神の国の使信の同一視は、最も致命的な効果をもつ、実物をもってはっきりと示しうるような誤りなのです。進歩の理念は、ここからあそこへ、下から上へ、多少なりとも着実に完成が物質化されたものとして理解されている遠い未来の一点へ向かっていく動きなのです。しかし、きたりつつある神の国についてのキリスト教の使信はちょうど正反対の運動を――上から下へ、《天》すなわち超越的なものから地上へおりてくる運動を――意味しているのです。それは歴史的な平面に到達するとき、時間的・地上的な存在の枠組みをこわしてしまうのです。それが復活とか《来臨《パルーシア》》とか永遠の生命とかによって意味されていることなのです。新約聖書は進歩の理念にしたがって、ゆっくりと内在的に、下から上へ向かって発展していくどのような神の国をも知ってはいません。このいわゆる神の国なるものは、聖書のなかに読みこまれた十九世紀の発明にすぎず、聖書のなかで見いだされるものではありません。それは新約聖書の使信と近代の進化論の混合であって、そこからはなにもよいものがでてくるわけはないのであって、ただ幻想と幻滅と究極の絶望がでてくるだけなのです。

　私たちはまだ、キリスト教的な信仰と希望の観点からいえば歴史的経過の結果と価値はなにか、という最後の問いにふれていません。この問いには単純な図式で答えることはできません。神の国の到来についてのキリスト教的な期待は、まずいっさいの歴史的なものを、神の審判の徹底的な否定のもとにおきます。人間の歴史はすべて、聖書的な意味でその言葉をつかえば、肉なのです。それゆえ、それは一時的なものなのです。歴史という織物からは、はじめからおわりまで、罪と死という二本のより糸はとり除くことはできないのです。それらは歴史的な生活像に属しています。歴史はその過程においてすでに自分自身がつくりだしたものにたいするこのような審《さば》きを部分的に遂行してきました。《世界史は世界審判である》〔シラーがその詩「あきらめ」でのべている言葉〕。歴史は自分の子供を滅ぼし、世界がうみだすものはなにものであれ、いつの日にかすぎ去ってしまうのです。しかし、これは一面の姿にすぎません。連続性もありますし、伝統や歴史的な遺産もあります。あらゆる時期はなにもないところから新しくはじまるのではありません。私たちはみな前の時代にたくわえられた富によって生きているのです。永遠の生命はこの地上の生活の否定であるだけではなく、またその完成なのです。それはただ新しい世界であるというだけではなく、またこの世界の完成なのです。とくに滅びやすくて永遠のものをうけつぐのに適していないように思われる私たちの身体でさえも、ただ単純に破壊されるだけではなくて、霊の生活に完全に従順な器官、表現にかえられるのです。

しかし、もしも私たちが、それ自身完全な永遠の存在にはいるにふさわしいものとみなされるこの実在のなにかの部分、私たちの現在の経験のなにかの要素があるのかどうかということをたずねるならば、答えはたしかにあるということにちがいありません。キリスト者の生活のなかにおいて経験されるものではありますが、永遠の生命の《特定の》要素でもありうる要素が、すなわち、新約聖書的な意味での《アガペー》〔人間的な愛エロースにたいして神の愛をあらわす言葉〕があるのです。永遠にのこる要素は、国家でも、文化でも、文明でも、信仰や希望でさえもなくて、愛だけなのです。神自身が愛であるからなのです〔第一ヨハネ四の8参照〕。これが信仰も、知識も、言葉も、希望をもふくめて、他のすべてのものが過ぎゆくのに、愛だけが残るのであるといわれている理由なのであり〔第一コリント一三の8参照〕、この愛が真の人間性の原理なのです。

五　意味の問題

全体性、意味の性格

もしも、私たちが今日の西洋の人間にとってなにが最も焦眉の急となっているような緊急な問題であるのかとたずねられれば、その答えは疑う余地もなく明白です。現代人を最も不安にし、苦しめているのは人生の意味についての問題なのです。人間実存の意味とはなんでしょうか。それは、いったい意味などもっているのでしょうか。人生の精神的な基礎における地震をもともないながら、人間の文明が生き残れるのかどうかということだけではなく、人類という種族そのものの存在が残存していくのかどうかという問いに直面させられている現代の世代のおそるべき激動は、以前にはなかったような、またかつてありうべきでもなかった差し迫った激しさをこの問題にあたえています。しかし、これをこえて、私たちは人生の意味についてあまりにも疑いがちであるために、もはやこのような問いをもつことさえもせず、それゆえ、人間以下のような在り方に沈んでしまうような点にまでも立ちいたっているのです。人間の精神は、意味の問題が生きいきとして緊急のものであるかぎり、生きいきとしているのです。しかし、この問いをたずねることをやめる場合には、精神は絶滅しているのです。人はちょうどリスが一つの枝から他の枝にとびうつるように、一つの経験から他の経験にとびうつり、その生活の統一性は解体してしまうのです。

まさに人生の意味を問うことにおいて、人間はこの存在の全体性に気がつくのです。意味は全体性、完全性なのです。私たちがもし「この言葉は意味をもっている」という場合、私たちがいおうとしていることは、ある言葉を形づくっているこれらのちがった音声や文字はそれらを結び合わせ、それらを理解できるものにする精神的な統一によって一つの言葉になっていくということなのです。もしも、私たちが一つの句、話、書物、著作などが意味をもっているという場合、私たちは再び部分を全体に結び合わせる精神的な統一を指摘しているのです。ギリシア人が、その言葉によって私たちが意味とよんでいるものを意味することによって、ロゴスという概念もしくは理念を形づくったのです。彼らがそれをロゴスとよんだのは、精神的な統一もしくは完全性が彼らの心をうったのは、まさに人間の言葉(ロゴス)においてであったからなのです。言葉は意味を直接に表わすものなのです。(1)

(1) キッテルの『新約聖書神学辞典』における「ロゴス」の項目のB「ギリシアおよびヘレニズムにおけるロゴス」を参照(IV、七六―八九ページ)。

現代人にとってもっと親しみぶかいと思われる別の角度から、すなわち、目的という角度から意味の問題に近づいていくこともできます。金づちをきたえるのも、家を建てるのも、畑をたがやすことも、この行為がはっきりとした目的につかえるために意味をもっています。行動する意味をあたえるこの目的は第一義的には生物学的なもの、自己保存、種族の保存、食物、身体的な存在の安全保証などといったものです。生命の保存という自然の本能をごく自然な仕方で支え、それゆえ、生命の保存につかえることを理解できるものにするこれらの行為は、明白な目的につかえるゆえにすべて意味をもっているのです。しかし、生死にかかわる必要性につかえるように任じられる知的な行為は、人間の生活にとってきわだった特色となるものではありません。精神的なものは、ここでは動物性の支配のもとにたち、ただ動物的な自然本能が欲求するものを満たすにすぎません。人間の特殊性は、たといそれがいままでになされてきたような仕方で――飼育されるのではなくて食べることによって、穴にはいりこむのではなくて家を建てることによって――なされるにせよ、あるいは品物がつくりだされたり、精神的な行為が生命の必要よりも高い要求に仕えるような仕方でなされるにせよ、人間がなにか身体的な保存といった領域をこえるなにかをするところでだけ、前面にでてくるのです。それゆえ、人生の意味は人間の行為が自然の圧迫ではなくて、精神的な目的の支配をうけるところで明らかになるはずなのです。私たちがそのような目的を念頭におくところでは、《意味》と《目的》という二つの概念は互いに一つになっていくのです。動物には生命を維持するという目的しかありませんが、人間にはそのような目的とともに、その生活にとくに人間的な特色をあたえる、それ自体のうちに意味をもつ目的をもっています。精神が統一力として自己を表わすのは、まさしく、それらの精神的な目的において統一をもっているものごとや行為においてなのです。

それゆえ、意味は文化と文明において基本的な要因なのです。いや、私たちは文化とは意味の具体化であるとさえもいうことができます。文化は精神にとってのみ存在する単位を創造することです。犬にとってはレンブラント〔一六〇六―一六六九〕の絵画などというものは存在せず、あるのはただ色彩のしみだけですし、ベートーヴェン〔一七七〇―一八二七〕の交響曲などといったものはなく、ただ一連の騒音あるいはたぶん音声といったものしかありません。精神は意味創造的な、意味承認的な能力であり、文化は意味創造的な諸能力と人間の意味ある創造の全体なのです。しかし、それ自体をとりあげた場合、文化や文明は意味の問いに答えるものではありません。なぜなら、意味という概念は奇妙なことには冷酷なものであるからなのです。それは全体性を意味するものですので、どんな部分的なものによっても満足しないのです。一つの仕事だけでは十分ではなく、精神はあらゆる仕事、人間がやることすべての全体性を求めてやまないのです。ちょうど、私たちが一つの意味ある単語によっては満足をしないで、演説とか書物として精神的に統一されたものを通して、個々の意味ある単語の意味ある結びつきによってだけ満足をおぼえるように、意味を求める精神は全体としての人生の統一を求めるのです。人間の行為の統一ということだけでも十分ではありません。なぜかといえば、人間の行為はなにかそれ以外のもの——それが遂行され思想と行為とによってそれと格闘をしていく自然や世界との——関係のなかにあるからなのです。それゆえ、たといどこにおいてそれが真に生きていようとも、精神は全体的な意味を問うてやまないのであり、精神の生きいきとした性格が自分を表明していくのは、まさに、この問いのはげしさによってなのです。全体的な意味についてのこの問いが問われなくなるところでは、精神はバラバラの状態にあるのであり、人間の生活は人間以下の、動物的な在り方のなかで滅んでしまうのです。

その否定、東洋と西洋

人間が人生の意味、全体的な意味をいつも問題にする理由はそこにあります。彼らは答えを彼らの宗教や哲学のうちに求めます。宗教的な神話は、分析していけばその最後のところでは、実存の全体的な意味を解釈しようとする試みとして理解されるべきでしょう。同様に、真に偉大で有力な形態をもった哲学は、ギリシア人が《あたえられたロゴス《ロゴン・ディドナイ》》(λόγον διδόναι)とよんでいるような、合理的な思考を用いて意味を発見しようとする試みとして評価されるべきなのです。ここではこれらの試みのほんの一、二のものを素描することだけしかできません。インド宗教においては人生の意味の問題は《業《カルマ》》の教え——誕生の円環、もしくは魂の輪廻《りんね》——と、人間にどうやってこの誕生の円環から脱出して《涅槃《ねはん》》(Nirvana)にはいるのかということを教える一群の教理によって答えられました。これらの答えは経験的な存在はそれ自体では意味をもたず、逆に、意味はこの人生から逃避するような仕方で生き、そうして考えるところにあるのだ、という前提のうえに成り立っていました。そこで、この人生との関連においては、この答えはまったく悲観的なものなのです。

それ自体印象的な、もう一つの問題解決はゾロアスター教〔古代ペルシアの善＝光明と悪＝暗黒の二元論的宗教〕の倫理的二元論です。人生の意味は生命を支援して、それを破壊したり殺したりするいっさいのものにたいして防御することにあります。ここでも、真に意味のあるものは、生命そのものではなくて、人がその法則にしたがうことによって達成する、永遠不滅の生命なのです。人は善の神と破壊の神との戦闘に参加することによって、善の神の勝利とその永遠の生命においてその分け前にあずかるのです。しかし、キリスト教を別にして、西洋史において意味の問題にたいして最も重要な解決をあたえたものはギリシア哲学です。もちろん、周知のように、この哲学は統一的なものではなくて、ひじょうにちがった体系の多様性においてみずからを表現していいます。しかし、私たち西洋の歴史においては、影響力をもったのは、第一義的には実に——ひじょうに広い意味での——ギリシアの理想主義なのです。このギリシア哲学において意味をあたえる原理は、世界に充満してそれをコスモス〔秩序ある世界〕にまで形づくっていく神的な理性《ヌース》もしくはロゴスなのです。意味のある発言や思想の根底によこたわっているロゴスも、人間の文化活動の根底によこたわっているのも同じロゴスなのです。人間の語ることや行為は、それらがこの神的なロゴスにあずかるかぎり意味ふかいものであるのです。その場合、神的なロゴスは私たちの生活の論理的もしくは合理的な要素と最も密接な結びつきにおいて見られているのです。この神的なロゴスとの関係は、ギリシア哲学のさまざまな体系において——さまざまな状況のなかで彼らが世俗的・文化的・科学的・芸術的もしくは哲学的な要素をいっそう強調したり、人生の倫理的・宗教的な面をより強調したりすることによって、プラトンやアリストテレスやストア派の人びとの体系のなかに——あらわれてきています。彼らはすべて共通して神的なロゴス、あるいは意味をふくんでおり、それゆえにいちじるしく合理的で内在論的な傾向において類似しているような理念に言及しています。人生の意味が基礎づけられるのは、私たちの理性や理性的な行為と思考のなかに内在する、まさしく神的な理性のうえなのです。(1)

（1） さきに引用したキッテルの辞典における項目「ロゴス」はギリシア哲学の学派の統一と相違とともに、それら全体と聖書的な「神の言葉」との相違を明らかに示している。

キリスト教の教理と信仰のうちにおいても意味の原理、つまり、私たちの実存に意味をあたえるものも、やはりロゴスという言葉によってまとめられます。私たちはヨハネによる福音書の序言における含蓄にみち、同時に、神秘にみちた言葉を思いおこすのです。「初めに言《ことば》〔ロゴス〕があった。言は神と共にあった。言は神であった。この言は初めに神と共にあった。すべてのものは、かれ〔日本聖書協会訳は《これ》と訳している〕によってできた。……かれに〔日本聖書協会訳は《この言に》と訳している〕命があった。そしてこの命は人の光であった……。」全世界が意味をもった根拠と目標をもち、それゆえ、人生の意味が秘義にみちた仕方でふくまれているのは、疑いもなくこのロゴスなのです。しかし、このロゴスはギリシア哲学のロゴスではありません。この両者のあいだには三つの徹底的な相違があります。第一に、それは、ギリシア哲学においてつねにそうであったように抽象的な原理、一種の《それ》《イット》ではなくて、人格なのです。——「《かれ》において、すべてのものは、《かれ》によってでき、《かれ》に命があった。」第二に、それは人間の心や精神のなかに内在的にある要素ではなくて、神の本質と意志である歴史的な啓示によって人間にあたえられるものであるという事実のうちに見られるべきです。最後に、それは無時間的な固定した真理ではなく、動的な歴史の動き《ダイナミズム》なのです。時間の終末においてこれが決定的に示されることによって、人生の意味を脅かす諸力にたいする神の意志の勝利がもたらされ、それは永遠の生命において歴史的・地上的な実存の意味を完成することによって歴史的な啓示を完成するのです。

一見、この意味の概念は、いましがたちょうど簡単にたどったペルシアの二元論と密接に関係しているように思われます。実際問題として、この両者のあいだにある種の共通な特色があることや、ある種の歴史的な結びつきがあることは否定できません。[1] しかし、同じようにこの両者のあいだには、はかり知れない深い割れ目があるのです。私たちはキリスト教的な概念と、ゾロアスター教の概念における形而上学的な二元論の要素のあいだにある違いを強調しすぎるべきではありません。なぜかといえば、この二元論は、結局、善の神が悪霊にたいして確実に勝つのだ、ということによって、究極的なものとはならない、それよりは一段と低い段階のものでしかないからなのです。この両者の対立点はもっと別のところにあります。それはすなわち、聖書の啓示においては神の憐れみ、その贖《あがな》いの恩恵と愛の概念が中心的・支配的なものであるのにたいして、ゾロアスター教においてはそれはまったく欠けているという事実のなかにあるのです。ゾロアスター教では道徳的な真剣さを実証することによって究極の勝利と永遠の生命にあずかるのは、善人なのですが、他方、キリスト教の福音においては、永遠の生命にあずかり、それによって深い意味を完成するのは、キリストの贖《あがな》いの犠牲と神の憐れみ深い赦しとによって、恵み深くゆるされ救われた罪人なのです。それゆえ、キリスト教の歴史、そうして、西洋の歴史一般において、ペルシア的な問題解決が目だった役割を果たしていないのも驚くにたりません。議論が第一義的になされているのは、一方において聖書の啓示と、他方において、ギリシアの理想主義とのあいだにおいてなのです。

（1） ブセ（ブーセット）『ユダヤ教』五〇六―五二〇ページ参照。

近代理想主義の背景となっている、意味とロゴスとのギリシア的な等置

ギリシアのロゴス原理と聖書の神の子ロゴス、イエス・キリストの啓示という、私たちの歴史において有力な二つの意味原理のあいだのこのような議論が、近代という時期のはじまりを画するものなのです。古典的な古代からこの時期にいたるまで、キリスト教の理念は、その本来的な純粋性においてではないにせよ、まったく支配的なものでした。他方、近代の精神史は第一義的には、内在的・合理的・抽象的な原理によって、キリスト教的な、超越的・啓示的・人格的な意味概念がとってかわられていくことによって特色づけられます。人間の理性は自分の足のうえに立っています。それは自分の手持の資源で意味の問題を解決できると考えています。ヨーロッパの思想がもう一度ギリシア哲学の模範との関係を再び確立した理由はここにあります。もちろん、それは徹底的な修正と変化なしにはなされえなかったことです。しかしながら、現代の意味概念とギリシアの意味概念とのあいだに二つの特色が共通なものとして残りました。それらは合理的・論理的な性格の優位性ということと、内在的な解決への傾向性ということなのです。意味はその合理性においてみずからを証明しなくてはならないのであり、意味の実現はこの時間的な実存の内《うち》でおこらなくてはならないのです。最近数世紀においては、この限界は必然的に私たちの時代にとってひじょうに特徴的な新しい理念をうみだしました。それは進歩の理念であって[1]、私たちはもうすでにそのことについては前講で話したところなのです。

（1） ドゥルヴァイユ『十八世紀末までの進歩の理念に関する試論』参照。

もしも、一方において合理性というものが、他方においてこの歴史的な実存というものが人生の意味に

関する問いにたいして答えるのに十分なものであるならば、実存が現在もっている非合理にもかかわらず、それが合理的であることを証明するか、それとも、その合理性を信ずる可能性を示す必要があります。この二つの道のうちの最初のものが《神義論》、つまり、存在するものはすくなくとも大体は合理的であるという証明なのです。これは（私たちがその最大の実例であるライプニッツ〔一六四六―一七一六〕の神義論においてみるように）ただキリスト教神学の伝統からかなりのものをひき出すことができたかぎりにおいて可能でした。それゆえ、この方法――ライプニッツの神義論――が人びとを確信させる力をうしなうやいなや、第二のものがとりあげられたのは、たんなる偶然の機会というものではありませんでした。[1] ライプニッツの死は進歩の理念の出現とほとんどまったく一致します。それは最初、理想主義的、思弁的な歴史哲学の形において、のちには自然主義的な科学まがいの進化論の形においてあらわれたのです。

（1） ライプニッツはしばしば普遍的な進歩の理念をはじめてとなえた人物のなかに名前をあげられるが、それははなはだまちがっている。彼の未来観はむしろ悲観的である。彼の『新論』〔一七〇四年に出版されたもの。正式には『人間の悟性についての新論』〕のなかには、私たちが第一講で名前をあげた、未来のヨーロッパの混迷を予言した人物のなかに彼の名前をふくめるような一節がある。私はそれを全部ここに引用しないわけにはいかない。彼は合理主義哲学者の弟子たちについて語りながら、つぎのようにのべている。「警戒おこたりない摂理と脅かすような未来とのわずらわしい懸念から自分はまぬがれていると思い込んでいる人びとは、彼らの動物的な情念の手綱をゆるめ、他の人びとを誘惑し堕落させる方向に彼らの精神を向ける。そしてもし彼らが野心家でやや冷酷な性格の持ち主であれば、彼らは自分たちの快楽や利益のために、世界各地に火をつけることもよくするであろう……。それどころか私はこれに近い考え方が、他の人びとをとりしまり種々の事柄を指図する立場にある上流社会の人間たちの精神のなかにすこしずつしみ込み、流行の書物のなかにいつのまにかはいり込み、すべての事物にヨーロッパを脅かしつつある全体的な革命へと向かう傾向をもたせ、まだ世のなかに残っている高潔な感情をほろぼしつくしている、とさえ思う……。イギリス人の呼び方にならえば、こうした公共心《パブリック・スピリット》は極度に減少し、もはや流行おくれになっている。そしてそれがよき道徳と真の宗教によってささえられることをやめるならば、権勢のためや気まぐれから血の雨をふらせたり、あらゆるものを主客転倒させたりしても、人びとはそうしたことをなんとも思わなくなるであろう……。この伝染性の精神病は、すでにその悪い影響をはっきり見せはじめているが、もしまだ人びとがこの病気を自分でなおすならば、こうした禍はおそらく避けられるであろう。しかしもしこの病気がしだいに増え拡がるならば、摂理はこの病気からとつぜん生じる革命そのものによって人間を懲らしめるであろう」（エルドマン編『ライプニッツ哲学全集』三八七ページ）。ほかのところで彼は次のようにのべている。「無神論者や現世論者はこの世界がすでに老齢化していると信ずべき理由がある、といった仕方でそれを宣伝している。キリスト教世界の、そうして一般的に世界の最後の分派は無神論だろう」（E・ド・ルージュモン『二つの都市』Ⅱ、一〇九ページに――まちがった関連で――引用されている）。

キリスト教の宗教的信仰との関係をたち、しかもなお、実存の意味を求めている人は、たしかに彼らの生きていた時代の自然的・文化的生活の既定の現実のなかで、あの合理的な意味を見いだすように期待されることはできませんでした。意味を否定し破壊する諸要素はあまりにも明白であって、最も楽観的な合理主義者でさえも、それらを無視することができないほどでした。進歩的な進化論の理念はこのような困難からの逃げ道を提供するように見えました。この世界は《まだ》合理的ではなく、それゆえ、意味ふかいものではありませんが、それは意味ふかいものになることができるのであり、《将来そうなる》でしょう。世界はどうやって合理的になりうるでしょうか。その答えは、文化的な拡張の過程における自然と人間生活の進歩的な精神化や、実際に非合理的なものもしくはそのように思えるものを進歩的に除去し、合理的な行為と合理的な思想によって、それゆえ、人間のなかに内在する神的な理性の力を彼の行為と彼の思想を通して、二重に進化させていくことによって、世界はますます合理的なものになりうるのであり、またなるだろう、ということなのです。ここ最近二世紀にその動的な《はずみ》《エラン》（élan）や保証されているという安心感をあたえたのは、個人の育成・教育、広範かつ集中的な文化的・文明的行為、進歩的な知識などによる精神的な進化と非合理的な諸要素の進歩的な除去というこの思想なのです。

しかし、この動きの経過のなかで、この世的なものへ向かう傾向がますますいちじるしく支配的なものになっていくことは避けがたいことでした。ヘルダー、フンボルト、シュライエルマッハー、ヘーゲルなどの気高い、理想主義的な進化論は、しだいにもっと普通の人間の関心と密接に関係しており、それゆえ、世界の進歩的な精神化という思想よりもいっそう信用できるものであった、もっと現実的で地上的なものと結びついていた進歩の原理に道をあけわたすようになっていきました。理想主義的な熱狂が衰えていくにつれて、科学的・技術的な進歩、民主的な自由の普及、一般教育の水準を高めることによる非合理性の克服などといった平凡で現実的な考え方にとってかわられるようになりました。これらすべての領域において、進歩はだれの目にもいちじるしかったのです。さらに、それは大部分の人びとの実際的な関心と日常生活に近い関係をもっていたのです。驚くべき、真に革命的な技術産業の成果、それにも劣らない自然科学の驚嘆すべき進歩、民主的な諸機関や一般教育の急速な普及などは、この進歩への信頼をあまりにも完璧に正当化するので、それと置きかえることなどは疑う余地もないことに思えるほどであったのです。人類はその実際的に必要を感じている領域において、もうこれ以上人生の意味などといった深淵な問題について深刻に考えていく余地も余力もないように思えるほどに、進歩が目に見える、疑いえない仕方で示されていることに夢中になってしまいました。人生の意味を脅かすすべてのもの——死、悪、苦難——などといったものの声は進歩主義の拡声器によって聞こえないようにされてしまいました。

実際には技術産業の革命的な発達によってつくりだされた非合理的な社会条件によって脅かされたこの楽観主義は、カール・マルクスがきたるべき必然として説いた社会的な楽園への希望によってだけ支えられることができました。しかし、それから、あらゆる社会教育にもかかわらず人間はよりよくならず、あらゆる技術的な進歩にもかかわらず、生活はより人間的にはならず、逆にますます非人間的になっていくということがいっそう明らかになってきたときに、この陶酔が衰えはじめるときが到来したのです。とりわけ、人間実存と人間性の兇悪で、悪魔的でさえもあるような背景をあらわにした、第一次および第二次世界大戦によってもたらされた、最初の大きな、そうして二番目のより大きな衝撃によって、この幻滅は早められました。進歩への信頼はその宿命的な、目もくらむような役割を演じ終わりました。そうして、この最後の一枚の札にその望みのすべてを託して賭けた西洋の人間性は、なんにもないという失望に直面したのです。いまや人類は、その文明の荒廃を見て、何世紀もかけて築きあげたものを数年間で破壊してしまった過去の嵐に、あらゆる文明の終局、おそらくは人類それ自身の終局を意味するかもしれないようなもっと恐ろしい別の嵐がまもなくつづいておこるのではなかろうか、ということについて不確かであるということのなかで、人生にはおそらくはなんの意味もないのではなかろうか、といった恐ろしい、悲惨な思いが見えはじめてきたことを経験しています。

キリスト教的な観点から見たその弱点

もしも、私たちがキリスト教信仰の立場からふり返ってみて、どうしてこんなことが起こったのであり、起こらなくてはならなかったのであるのかということをたずねるならば、進歩の理念が犠牲となり、すでに腐敗しつつある進化論的な信条がそのなかで表現されているような、その最終的な退廃した形を指摘するだけではまにあいません。私たちが悪の根源を発見しなくてはならないのは、このように明白で最も最近の極端な形のなかではなくて、その最初の精神的で、高遠なはじまりのなかにおいてなのです。私たちは、私たちの世代を脅かしている、完全な、意味の虚無的な消失を理解するために、ギリシアの理想主義とその意味原理の根本概念にまでさかのぼらなくてはなりません。そこで私たちがまず観察できることは、この理想主義的な意味原理が、人間の精神のまったく《形式的》な側面にもとづいていたということです。人間と動物とを区別することは、人間が理性を所有しているということです。人間が文化や文明をうみだすのは理性によってであり、人間を神的なものとつなぐものも理性なのです。人間が理性をもっているということだけで十分なように思われました。理性的もしくは精神的な行為《そのもの》が意味をあたえるのです。人はこの理性が《なに》を考え、精神活動がどのような方向をとるのかを問題にしません。まさに人間が理性を《所有》しているというそのことにおいて、人《マン》は人間《ヒューマン》的なものになり、神的なものとつながれるのです。理性そのものは神的なものなのです。みなさんは今日においてもなお、これと同じ考えが、たとえば次のように、著名な精神的な指導者たちの演説や著作のなかで何百回となくくり返され、変形されているのを見いだすことができます。「私たちは人生に意味をあたえ、人を人間的なものにするものとして、精神を信じ、理性を信じ、人間の心を信じるのです。」

　キリスト教の観点からいえば、この考えは偉大な幻想とみなされることができます。人間の理性そのもの、精神活動そのものは、善でも悪でもありうるのであり、神のようでも悪魔のようでもありうるのです。理性を神のようにつかう用い方も、神なきもののようにつかう用い方もあります。それゆえ、文化が神にしたがって存在する可能性もあれば、その存在がきわめて神なきものとなる可能性もあるのです。理性や知的な活動の所有といったことは、それ自体では真理とか善とか真の人間性とかをなんら保証するものではありません。真に人間的であることの原理、善の原理、真理の原理は、理性よりも高次のものであるのです。それは形式的な、なになにである《ということ》《ザット》の領域のうちにあるのではなくて、内容的な《なに》《ホワット》の領域のうちにあるのであり、精神力の所有と使用のうちにあるのではなくて、神の意志にしたがったその正しい使用、正しい関係、正しい決断のなかにあるのです。

文化もしくは文明の形式的・手段的な性格

理想主義的な意味の原理のもっている形式主義は、私たちがすでに見たように、第二の要因である神学的な内在概念にもとづけられています。人間は——それがここでの前提なのですが——理性的な生き物であることによって神的な性格に参与するものとなります。神的な要素はそれ自体が理性であるという理由によって人間に内在するものであり、この理性は彼のうちに、人間の性質のなかに宿っているのと同じ理性なのです。それゆえ、理想主義は、悪は精神的なもの、理性の行為であって、感性の行為ではないという、私たちキリスト者の主張を理解することができません。理想主義者にとっては悪は精神から分かたれたもの、空虚、理性の空白のことであり、それゆえ、動物的な官能とか獣的な本能のことなのです。悪の精神的な性格を承認すれば、内在の哲学全体がくずれてしまうことになるでしょう。それゆえ、理想主義者はこの悪の概念を拒否するほかはありませんし、そうすることによって悪を最低に見つもらざるをえなくなるのです。精神的なものとして理解される悪だけが本当の悪なのです。動物的な性質に由来するものは真の悪ではなくて、道徳以前の原始的なものなのです。

同じ思想を、第三の観点から考えてみることにしましょう。ギリシアの理想主義的な意味観は第一義的には人間の文化活動からとられています。まことに、文化は第一義的には意味をもったものの現われであり、以前にも申しましたように、文化は意味の具現化なのです。しかし、私たちがあとでもっとはっきり見るように、文化それ自体は、特定の精神性もしくは精神的な条件の表現ですから、第一義的には形式的なものなのです。それゆえ、文化はそれ自体においては《特定の》人間的なものではなくて、ちょうど心が《特定の》人間的なものではなくて、真に人間的なものの器であるように、人間的なものの手段、表現なのです。文化は善いものであろうが悪いものであろうが、人間的なものであろうが非人間的なものであろうが、特定の精神的な状態、特定の時代や集団の表現なのです。演説や書物の文体がその内容と関係しているように、それは真に人間的なものと関係をもっています。みなさんは最もすばらしい文体で、本当に悪魔的な思想を表わすことができますし、悪魔というものは、もしも彼がそうあろうと望みさえすれば、ひじょうにりっぱな名文家であるということは、ほとんど疑うことはできません。それゆえ、ちょうどあやまった精神性というものがありうるように、あやまった文化――反人間的な、神なき文化でさえも――ありうるのです。そこで文化は、それ自体においては人間性の尺度ではなくて、善いものであろうと悪いものであろうと、精神的な強さの度合を計る尺度にすぎません。しかし、文化を人間性をはかる基準として受けいれるというこの誤解は、古代の理想主義と近代の理想主義の両方の、そうして近代的なものの考え方一般の致命的な誤りなのです。

さて、ギリシアの理想主義的な神内在の原理のなかに暗にふくまれているこの誤解全体は、聖書が罪とよんでいるものと、最も密接な関係をもっています。そのような仕方で自分自身を理解している人間は、自分を第一義的に神的なものとして理解しています。彼は実際には神の《賜物》であるものを、自分の性質だとうけとっています。彼は自分の合理的な性質を容器としてみるかわりに、あやまって内容であると考えています。これを《自分自身についての理性の誤解》と名づけたのは、十八世紀における偉大なキリスト教的な先覚者ハーマン〔一七三〇―一七八八〕でした。彼はドイツ語で理性を意味する《フェルヌンフト》(Vernunft)という言葉の起源を指摘しています。それは聞きとるということを意味する《フェルネーメン》(vernehmen)、受けとるという意味の《アンネーメン》(annehmen)などに由来しています。それゆえ、それは受容性と依存の関係を表わしているのです。真の理性とは神的なものを受けとるものであって、自分が神的なものを自分自身のうちに《もっている》とか、それがその深みにおいて神的なもの《である》と考えるようなものではないのです。そこで、真の理性とはおそらくはそれ自身のなかに実存の意味をもっているとは考えないで、それを神から受けとめる用意ができているものだけをいうのです。キリスト教以前の形態におけるギリシアの理想主義は、神的なロゴスの客観性を信じていたので、いくらか宗教的でした。しかし、キリスト教から分かれ、キリスト教的な真理を置き忘れた近代の理想主義は非宗教的なものとならざるをえませんし、古代のプラトン主義には欠けていた危険な反抗的な要素をふくんでいます。それが近代の理想主義によって導入され、始められたキリスト教からの解放が、そのような無意味さに終わった根本的な理由なのです。(1)

(1) 一方、ヨーロッパ大陸において、とくに(フィヒテ以来の)ドイツ理想主義において、キリスト教の伝統との結びつきがたち切られたのに、イギリスにおいてはけっしてそういうことはなかったということが、英国とヨーロッパ大陸との最も根深い相違の一つである。もしも、いつかギッフォード講演の歴史が書かれることがあるとすれば、この事実は最も目だって明るみにだされることだろう。大陸においては、哲学がますます神学と無関係になっていったのに(他方、十九世紀において逆は必ずしも真ならずで、神学のほうはますます哲学との結びつきをつよくしていったのであるが)、英国ではこの両者の結びつきは完全にこわされたことはなかった。それゆえ、理想主義は、そのことに自覚的でなかったり、それを認めたくなかったようなところにおいてさえ、なにかしら《キリスト教的理想主義》といったものだったのである。以前にのべられたことは、大陸の状況との関係でいわれているのである。この相違は多くのことを説明してくれる。そのなかで、最も些細なことではなくて大切なことは、英国の全体主義からの免疫性である。

究極の意味についてのキリスト教的な理念

キリスト教信仰によれば、人生の意味は人間の《なか》にあるのではなく——その合理的な性質のなかにも、その合理的・文化的な仕事のなかにもなく——彼のところ《に》神の賜物として、啓示された言葉であるロゴスとして、自己啓示の神であるような言葉として到来するのです。そこで、意味は超越からやってくるのであり、（第四福音書がのべているように）「父のふところにいた」（ヨハネ一の18）神的な存在、ロゴスの秘義から到来するのです。この秘義は超越のままにとどまっておらず、それは自分を啓示し、自分を伝達します。このロゴスは、それ自体において人格的な存在である神の自己伝達的な愛、愛の御子なのです。人間の生活がその真の人間性、その善と真理とをうけるのは、このロゴスにおいてであり、このロゴスによってなのです。「恵みとまこととは、イエス・キリストをとおしてきたのである」（ヨハネ一の17）。人間の生活はこの《言葉》を、単純にうけとめるという行為——信仰の行為——によってうけとめ、この信仰は「愛によって働く」（ガラテヤ五の6）ことによって、それが神の愛であるという本質をはっきりと示すのです。

それが時間の経過にたいしてもっている関係

さて、――人間の生活は自分自身やそのつくり出したもののなかには意味をもたず、意味をうけとらなくてはならないという――この事実のなかに、人生の意味を脅かす、死とか悪とか苦難とかといった否定的な諸力が、いいわけなしに、いかなる神義論の試みもなしに、まったくありのままの否定性において注視される可能性があります。たとえば、ちょうど、調和のために対照《コントラスト》が必要なように、悪は善に属しているのだ、という新プラトン的な考えや、悪と動物的な本能とを同一視する古いプラトン主義のなかに見いだされるように、悪を軽減するような試みがないのは、キリスト教信仰だけなのです。いやそれどころか悪は罪として理解されています。罪として理解されている悪は神の意志にたいする反逆、神の善の秩序の破壊、人間生活の全体性もしくは完全性の分解、それゆえ、意味の徹底的な否定を意味しています。同様に、死も宇宙の秩序に属しているたんなる自然の事実としてうまくごまかされていません。死もまた人生の意味を脅かし、破壊する反神的な諸力のなかに分類されています。死は《敵》であって、友人ではありません。罪と死というこの二つの要素、そうして、それらからでてくる苦難は、それらによってふれられないものがなに一つとしてない、というような仕方において人生の性格を決定しているので、地上的な存在それ自体を意味あるものとして理解しようとする試みはなにもなされないのです。それとは逆に、この時間的な存在は、それ自体では、無意味であり、意味に反するものでさえあるということが、はっきりと断言されているのです。そうしてこのことは人間個人の歴史全体にも、人類の歴史全体にも適用されます。それは自分の外から意味を獲得するのであり、この歴史的な生活はそれ自体のうちには意味をもちません。それは自分の外から意味を獲得するのであり、これが起こるところ、そこではこの地上の歴史は終わりになり、新しい時代、永遠の生命が始まるのです。

歴史の《違和感》

しかし、地上的・歴史的な生が永遠の意味の完成にあずかるのは、まさしくこのきたるべき新しい実存の認識なのです。堅固な信仰によってこの希望において生きるということはたんなる期待ではなくて、それ自体、究極の意味実現のはじまりなのです。なぜなら、万物の目的であるあの神の愛は、ただ未来の事柄ではなくて、信仰者にとっての、信仰者における現在の事実だからなのです。この愛、《アガペー》はキリスト者とキリスト者の共同体の新しい生活原理なのです。神の究極の意味、神の愛において生きることは、不完全であって、人生とその意味を破壊しようとして脅かしているこれらの諸力と格闘をしているにもかかわらず、信仰における現在の事実なのです。

もしも、私たちがキリスト教信仰にあたえられるこの歴史的現実の構想《ヴィジョン》を、意味観が非キリスト教的な解釈のなかで――つまり、理想主義的な進化論のなかで――得た最高の概念とくらべてみると、私たちは、その非現実性はさておくとして、この進歩の理念のなかに偽装されたあきらめが暗にかくされていることに気がつきます。この両者のあいだのとてつもない相違点は、キリスト教の福音が信ずる各個人を究極的な完成にあずかるものとするのにたいして、いかなる理想主義的な歴史観のなかでも、個人の意味が完成されるということが最も不確かであるという、ただ一つの事実にあります。いったいだれが、結局、この進歩の運動において利益をうるのでしょうか。各世代は、遠いはるかな、けっして到達されない目標への、人類の無限の道において、ただ一つの段階となるために、次の世代をもっと高めるべく、その足の下に自分をおいて犠牲にならなくてはなりません。しかし、個人としての私にとっては、私のあとにくる世代が、目標に到達するのではなく、私よりもわずかばかりそれに近くなると考えることにおいて、十分な慰めをうけるわけにはいきません。

私たちはもう、普遍的な進歩という人の心をひくが、まやかしの幻想的な考えにわずらわされる必要はありません。歴史自身がそれを審《さば》いたのです。人生のすべての意味をたとい人類のたんなる身体的な存在であっても、破壊するように脅かしている、人間性を否定する諸力は、ありのままの残忍さをもって、意味問題の解決としての普遍的進歩の理念は、まったく信用するにたらないということを示しました。この事実は二つのことの一つを意味することができます。それは、人生の意味についての完全な失望、そんな意味などはないのであり、こんなことをぜんぜん問題にしないで、人間の生活と行動のなかに生来そなわっている意味が、断片的・一時的にちらりと見えることに満足するほうがよい、という事実にたいしてあきらめてしまう方向に退歩していくことを意味することができます。あるいは、それは人類が、実存の唯一の解釈であり、同時に幻想のない現実主義であってまたあきらめのない完成の約束でもある福音へと心をむけることを意味することもできるのです。

問題の終末論的解決

しかし、私たちの時代における意味問題の解決としてのキリスト教の信仰について、二つのことがいわれなくてはなりません。第一に、それは簡単に手に入れられるものではありません。たぶん、過去においてもけっしてそうではなかったでしょう。しかし、それは何世紀にもわたって西洋世界の信条として受けいれられるという特権をもってきました。このことが、その本当の理解という点で、有利なことであったかどうかは、うたがわしいところです。それはたしかに文化的な安定と均質化をつくりあげることに重要な関係をもってきました。しかし、これももう過去のこととなってしまいました。キリスト教の時代が始まって第一世紀以来けっしてそうではなかったことなのですが、キリスト教信仰は個人の決断の問題となりました。第二の点はこれです。キリスト教の信仰はその基礎と内容という点においては、いつの時代でも同じですが、その反面、それが戦いに参加する前線は時代ごとにちがいます。私たちの時代の前線は、対抗する諸宗教によって特色づけられる第一世紀の前線とも、その基礎と内容に関する対抗する解釈によって特色づけられる中世のそれとも、宗教改革時代のそれでもありません。私たちの時代における前線は、かずかずの多少なりとも狡猾ないいのがれのなかにかくされている、絶望の哲学にとってかわるものを選ぶことなのです。(1) これらの偽装を別にすれば、現代人のまえにおかれている問いは、絶望し、絶望の値を支払うか、それとも、福音を信じて信ずる値を支払うか、というきわめて単純なものなのです。福音だけがあたえる、人生の意味を手に入れるための値がなにかということは、福音が十分明らかにしています。人生の意味についてのキリスト教的な概念をめぐって語られたことにつけ加えて、そのような概念はいかなる理論的な議論によっても手に入れることはできない、ということをいっておかなくてはなりません。福音はたんなる満足説というように誤解される場合には、いつも拒否されるでしょう。福音が人生の意味について語ることを理解し、それが真理であることを洞察するということは、悔い改めと信仰という言葉に暗にふくまれている、生活の性格と方向の全面的な変化と同じことなのです。福音の遠近法がえられ、それとともに意味の問題の解決がえられるのは、この行為によってだけなのです。

(1) 私はここで、ハイデガーとサルトル〔一九〇五―〕の、いわゆる実存主義の哲学のことに言及しているのである。

六　宇宙における人間

原始的な連続性

私たちは、この講演で人道主義《ヒューマニズム》もしくは人間的なもの《ザ・ヒューメイン》の問題とよばれうるような問題領域にはいります。これらの諸問題の最初のものは外からやってきます。つまり、それは私たちのいる宇宙によって私たちに提起されます。キリスト教的なものであれ、理想主義型のものであれ、あらゆる人道主義は、宇宙《コスモス》における人間の位置は独特なものであり、実に独自なものであって、人間は自分みずからにだけ属するなにものかを自然にたいして主張すべきなのであるという確信から、その生命を導きだしています。すべての人道主義は人間に自然をこえ、自然に対立し、なにかしら自然の外にある立場をあたえ、人間を上へ引き上げています。それゆえ、一方においてはこの人間と自然との対立における避けがたい《あれか・これか》があるとともに、他方においては人間をまったく自然とともに分類し、したがって人道主義の基礎を破壊してしまうような《連続の概念》があります。それゆえ、人道主義はこういったたぐいの完全な自然主義によって破壊されうるのですから、自明な主張ではないのです。

さて奇妙なことには、人間の独自性を否定し、それによって人間的な要素を自然のなかに沈下させてしまう、この自然連続性は、私たちが見わたすことのできる人間の歴史のはじめにも終わりにもあるのです。原始人にとっては人間と彼をとりかこんでいる自然とのあいだにはなんらの区別もありません。それとは反対に人間と自然とは一つの破られない連続性を形づくっているのです。これは第一義的には原始人が自分と動物との関係を解釈する図式のなかにあらわれてきます。原始的な種族のトーテム像〔北米の土人などが種族の象徴として崇拝する自然物、動物などの像〕は、彼らが自分自身とある種の動物とのあいだの真の血縁関係を信じており、それによって動物の世界から人間までの本当の血統を信じているということを示しています。原始人は、いわば、科学以前のダーウィン主義者であり、私たちの時代のダーウィン主義者は、もしも私たちがダーウィン主義によって厳密に科学的な仮設ではなくて、通俗的な進化の哲学を理解する場合には、同じような理由により、科学的な原始人なのです。しかし、原始人の世界ではこの連続性が必ずしも人間をまったく犠牲にして確立されたものではなかった、という重要な相違が原始的な自然連続性と近代的な自然連続性のあいだにあります。人間が動物と同類であるのと同じ度合において、こんどは動物が人間と同類なのです。原始人の世界には、今日意味しているような《自然力》といったものはなく、ただ、すぐさま人格的であり、ある程度精神的な力であるような諸力があっただけです。自然は人間と同じような仕方で行動するのです。みなさんは自然と語ることができますし、自然はみなさんに話しかけます。これらはすべて近代のダーウィン主義者の考えには無縁なことです。彼らにとって自然は客体として理解されています。つまり、それは徹底して非人格的なのです。自然は第一義的には機械的なものなのであり、この考え方は原始人にはまったく無縁なものなのです。近代の自然連続性は排他的に人間を犠牲にして確立されています。人間は機械組織によって理解されている世界において、なにか特殊な存在であることをやめてしまいました。それゆえ、人間はそれ自体なにか高度に複雑な機械組織のようなものなのです。原始人が自然の人格化ということによって連続性という図式に達しているのにたいして、他方、近代人は人間の非人格化ということによってそれに達しているのです。宇宙における人間の位置について人間の思想がたどった歴史をたどってみようとしながら、この変化の背景となっているものを発見することが、いまや私たちの課題とならなくてはなりません。

ギリシア的人道主義によるその崩壊

人間はゆっくりとした経過をたどりながら原始的な自然連続性を克服してきました。私は、人間が自然から解放されていく歴史を発見するために、最良の手引きとなるものは彫刻だということを示唆したいと思います。この連続性は、神的なものと理解された自然の諸力を——私たちがインドや古代エジプトやバビロンなどで見いだす、そういった芸術がそうなのですが——人間や動物の姿であらわす神話論的な芸術のなかでまだ生きています。この連続性の内部における決定的な断絶は、イスラエルとギリシアという二つのはっきりとした場所において起こりました。しばらく聖書の人間観はさておいて、神々を動物の姿であらわすことを廃止したのはギリシア人の独自な貢献であったといえましょう。半分獣のような、あるいはまったく獣のような怪物とか、暗黒の世界の存在にたいする、オリンピアの神々の神話論的な闘争において、ギリシア的な人間観の内部でおこったこの独自な内部解放がなにか前進するのです。人間は動物界をこえ、自然界とは区別される精神的な存在としての独自性を自覚するようになります。

しかし、いまやこの自然連続性からの解放やその破壊というものとならんで、もう一つ別の経過がおこります。それもまた彫刻のなかで表現されているのですが、人間と同じような形をした神や英雄的な人間の神格化においてあらわれる神的なものと人間的なものとの《接近》(rapprochement) なのです。この二重の経過は、はじめに潜在意識のなかで神話論の形をとっておこり、哲学的な省察において意識の完全な光のなかに登場してくるのです。人間は自分のうちに自分を動物や全体的に自然と区別し、そのうえに高めるもの、すなわち、ヌース〔理性〕もしくはロゴス〔言葉、理法〕を発見します。これはあらゆるとくに人間的な活動のもとにあって、人間の働きに人間的な尊厳という性格と内容とをあたえる精神原理なのです。さて、このヌースもしくはロゴスは同時に人類を神的なものにつなぐ原理なのです。ロゴスはただたんに人間の思想や意味ある行動の原理であるだけではなく、また、世界を秩序づけ、それをコスモス〔秩序ある世界〕にする神的な力でもあるのです。それは人間の理性における神の火花であって、人間はそれによってのみ自然から自分を解放し、自分自身をそのうえにおくのです。これは人間が自分の最も奥深いところにおいて神的なものを経験するのも、実に彼の理性におけるその同じ神の火花なのです。そこで、連続性は破られるのではなくて、移行されるのです。ちょうど、神のロゴスが自然のなかにしみこんで、それを秩序づけるように、それはまた、人間のなかにしみこんで、それを秩序づけるのです。しかし、人間のなかではこの神的な原理は自覚的な知識となります。人間は自分を神的なロゴスにあずかっているものとして承認することにおいて、自分の特殊な本質や価値を自覚するにいたるのです。彼の人間性は、同時に、神性なのです。これが自覚的に省察された形における、神話論から解放された、ギリシア的人間主義の基本概念なのです。

ギリシア的なものと綜合されているキリスト教的人道主義。ルネサンスと宗教改革における分離

聖書の啓示においては、原始人の連続性はまったくちがった仕方で断ち切られています。ここでは、神

と世界、神と人間、人間と自然という三重の関門がもうけられています。神はもう世界の内在原理ではなくて、主であり、創造主なのです。主なる創造者である方《かた》だけが神的なのです。彼自身でないものはすべて被造物であり、彼の意志の産物なのです。それゆえ、神は世界と対立しています。神の本質、その神的な存在は世界とは異なったものなのであり、彼はただひとりの聖なる存在なのです。(1)それゆえ、彼はどのような形においても描かれることをゆるしません。「あなたは自分のために、刻《きざ》んだ像を造ってはならない。上は天にあるもの、下は地にあるもの、また地の下の水のなかにあるものの、どんな形をも造ってはならない」〔出エジプト二〇の4〕。しかしいまや――そうしてこれが第二の関門なのですが――神を自然の姿にかたどることだけではなく、人間の姿にかたどることもまた、人間に禁じられているのです。それによって神が自然から区別されるのと同じその聖なる性質によって、彼はまた人間とも区別され、人間とは正反対のところにおかれるのです。人間は、彼が所有し、そうであるようないっさい、その精神的、自然的な諸力にもかかわらず、神的なものではありません。彼は被造者なのです。神と世界とを分離する関門はまた神と人間をも分離するのです。

(1) オットー〔一八六九―一九三七〕の著名な書物『聖なるもの』は、それが聖の現象を宗教一般の現象として記述しているかぎり、誤解をまねきやすい。聖は――すべてとはいわないまでも、その最も重要ないくつかの特色においては――とりわけ聖書的(とくに旧約聖書的)な現象なのである。

神とのこのようなはっきりとした分離にもかかわらず、人間は同時にそれ以外の世界と同じレベルにおかれ、自然との連続性において見られているわけではありません。(1)人間は断じて神ではなく、神は断じて人間ではありませんが、それにもかかわらず、人間は他のすべての被造物と区別され、特定の基準によってそれらすべてのうえにたかめられるのです。人間だけが神の像につくられているのです〔創世記一の26・27参照〕。このように人間が神にかたどってつくられているということが、ここで設定されている第三の関門なのです。というのは、人間だけが神の像《にかたどって》、それに《むかって》つくられているからなのです。そうしてこの《神の像《イマゴ・デイ》》(imago dei)は、ギリシア的なものと区別される、キリスト教人道主義の原理なのです。一見、この《神の像《イマゴ・デイ》》の概念は、人間が自分の理性のうちにやどる神的なヌースとかロゴスにあずかることによって自然のレベルをこえて上へひきあげられていくという、ギリシア思想と似たものを意味しているように思えます。しかし、これらの二つの人道主義の原理のあいだの類似性はただ見せかけだけのものでしかありません。なぜなら、人間が神の像にかたどってつくられたということは、人間におけるどのような種類の神的な精神的な実体をも意味しているのではなくて、ただ人間と神との関係を意味しているだけだからなのです。人間に宇宙における特別な位置や、特別の尊厳をあたえるものは、彼の合理的な性質のなかにあるなにかではなくて、彼の創造主への《関係》なのです。この関係は神が人間を彼自身のところへ召すことによって確立され、人間がそのよびかけをきいて、自分みずからの決断によってそれに答えることによって実現されるのです。つまり、神と人間とのあいだには神の言葉と人間の信仰、愛によって働く信仰〔ガラテヤ五の6参照〕において基礎づけられる召命と応答の責任という関係があるのです。

(1) このキリスト教人間学の素描のためには、私の書物『矛盾における人間』(一九三七。英訳一九三九)を参照。そこでは神の像がなにを意味するのか、ということや、罪の現実によるその限界などについて十分にとりあつかわれている。

それゆえ、ギリシア的な人道主義とは区別されたキリスト教的な人道主義とは、実存の人間的な特色は人間が自動的に所有するものではなくて、それは神との関係に依存し、決断の問題をのこしているといったような種類の人道主義なのです。人間を人間たらしめるその人間性というものは、生まれつきの気質のようにまえもって保証されているものではありません。それは神のよびかけに呼応する人間のあの答えにおいてのみ、みずからを実現するのです。それが自己を実現しないで、いつわりの決断によって、真実でない、非人間的な人間性へと道をふみあやまってしまう可能性もあります。さらにいえば、こういうことは起こりうるというだけではなく、実際に起こったのです。それは人間があやまった決断をしたことによってその真の人間性をうしない、ただ神の新しい創造の行為、贖罪の恵みによってのみそれを再び手に入れることができるという事件です。しかし、その真の人間性を失った人間でさえも、はっきりと彼を人間たらしめる性格を失ってしまったわけではありません。人間はそのあやまった決断にもかかわらず、あの応答の責任という第一義的な関係のうちにまだおり、そうしてとどまっているのであって、それゆえ――真に人間的な内容を保有していないとしても――すくなくとも人間的な存在の構造を保有しているのです。人間はなお、彼が、そうして彼だけが、応答すべき責任をもった人格であるという事実によって、人間以外の被造物と区別されているのです。さらに神は、その真の人間性を失ってしまった人間にたいして、神・人、イエス・キリストの神的な贖《あがな》いという愛の啓示によって、真の神の像を再びうる可能性を提供し、そうしてついには、従順な信仰においてこの申し出を受けいれるものに、歴史全体の究極の目標として、彼らの永遠の神の定めが完成し実現することが約束されているのです。それが、短い言葉でいえば、キリスト教的な人道主義の基礎と内容なのです。

キリスト教的な人道主義と、理想主義的なギリシアの人道主義との大きな相違はきわめて明らかなのですが、それにもかかわらず、すくなくとも、いずれの場合でも人間は宇宙において卓越した位置をあたえられており、人間以下のレベルにある自然に対立し、それをこえるように設定されているという点において共通なのです。いずれの場合においても人間は、彼を自然界や自然の機能よりも高くひきあげ、神の永遠の意味にあずかるものにする高い定めをもっています。いずれの場合でも《人間的なもの《フマーヌム》》(humanum)はゆたかな内容をもち、動物の世界からははっきりと分かたれているのです。それゆえ、これらの人道主義の二つの大きな流れが歴史のなかでお互いに出会うところでは、それらはただ相互に並行してさかえただけではなく、一つにとけ合ったというのも驚くべきことではありません。このようにして、紀元第一世紀においては、キリスト教的・ギリシア的人道主義とかキリスト教的・理想主義的人道主義などといったものが形づくられました。これはときには古典ギリシア的な要素が支配的であったり、またときには聖書的な要素が支配的であったりしながら両者が一つになった綜合なのです。しかし、これらの二種類の人道主義は、それらの特定の性格においてみられ、それゆえにお互いに区別されたり、分離されたりしたことは一度もありませんでした。西暦千五百年代において、このもつれをほどいて分離する経過が二つの面からなされただけです。一つは真にキリスト教的、聖書的な人間観の側面からであり、もう一つは新しくよみがえった古典的・理想主義的な人道主義の側面からでした。私たちはその一つを宗教改革、もう一つをルネサンスとよびます[1]。私たちは前講において、最近数世紀の精神史は全体として聖書の啓示からの進歩的解放によって、したがって、合理的な要素の進歩的な支配によって特色づけられるということにふれました。私たちは、この経過がどうして人道主義を今日の自然主義的なニヒリズムにまで解消してしまったのかという問いにこたえなくてはなりません。

(1) 私の知るかぎり、この二つの歴史的な運動が、このような人間論的な角度から理解されたことはいままでなかった。もっともこれに近い取り上げ方はいまでもディルタイ(一八三三―一九一一)の「ルネサンス以来の世界観と人間の分析」(全集第二巻)であるが、これは宗教改革よりもルネサンスのほうにより多くの興味と理解を示している。

二つの新時期を画した科学的な発見、すなわち、コペルニクスの名前と結びついている、宇宙観の革命的な変化と、ダーウィンの名前と結びついている、これに劣らず革命的な自然連続性の再確立といったものを指摘することによって、この問いに答えることが普通です。地球中心的な世界像の崩壊と宇宙空間の無限の拡大や、人類の家系が動物的な生活形態に由来しているという教説などが、これらの発見を驚きをもってうけとめた当時の世代の人びとに恐るべき衝撃をあたえたことは疑う余地もありません。しかし、いずれの場合でも、この衝撃が精神的なものであるというよりはむしろ心理的なものであるということが明らかになりました。というのは、もし私たちがこの発見について冷静にじっと考えてみるならば、彼らはなるほど伝統的な世界像の枠をゆり動かさずにはおきませんでしたが、たといキリスト教的なものであれ、理想主義的なものであれ、人道主義の実質を彼ら自身の真理によって破壊したり、脅かしたりすることさえもできなかったことが明らかになってきたからなのです。

これらの発見に由来する、考えもしなかった結果にたいして自分たちの身を守っていくことにおいて、理想主義的人道主義とキリスト教的人道主義は共通の関心をもっています。彼らは科学研究の結果と、自然主義哲学によるこれらの結果のあやまった解釈とをはっきり区別しなくてはなりませんでした。地球中心主義のコペルニクス的な破壊は、もしもこういったいいまわしを用いることがゆるされるなら、キリスト教的な人道主義によっても理想主義的な人道主義によっても、いずれもたやすく消化されたのです。というのは、結局、人間が自然からは独立しており、それよりもすぐれたものであるという主張は、宇宙世界の量的な拡大や天文学的な地球中心主義といったいどんなかかわりをもっているのでしょうか。量的に考えた場合、人間というものが宇宙において無にひとしいものであるということはコペルニクス以前にも知られていましたし、ホメロスや旧約聖書の言葉のなかで表現されているのがよく見いだされました。人間実存の性格が量の問題ではなくて、質の問題であるということを理解する人には、新しい宇宙論のなかにふくまれている宇宙と人間との量的な不釣合いが増大していくなどということは、どうでもいいことなのです。自分の理想主義哲学をコペルニクス的な革命の裏返しだとのべたカントほど、この基本的な認識を明らかに表現した人はいません[1]。人間は認識主体として、それが古代の世界像の方向をもっていようと、それとも、近代の世界像の方向をもっていようと、自分の客体である世界を超えて立つのです。同じようなやり方で、キリスト教神学は、人間がすぐれているということは、神の啓示におけるその呼びかけにもとづいているのだということを知って、さして困難を感じることもなく、この啓示が天文学的な地球中心主義に拘束されていないことを理解するのです。これらの二つの点を分離することがむずかしいように思える人にとっては、現代の天体物理学者が、エディントン〔一八八二―一九四四〕も指摘しているように[2]、有機体、したがってまたなにか人間のような存在が発達していくような他の天体が地球のほかにも存在するということは、大いにありそうにもないことであるという観察にもとづいて、新しい地球中心主義を確立したということをきいて安堵《ど》の思いをいだかれることでしょう。そこで、地球は現代の世界像においてさえ、例外的な位置をもっているように思えるのです。しかし、もしも私たちが有機的な実体とは独立した理性的な存在を思いついたとすれば、そのような考えを聖書にある天使の世界の概念と関連させることはむずかしくはないでしょう。これがどんなものであろうと、コペルニクスの発見とその近代の天体物理学における拡大は、いかなる人道主義にとっても深刻な危険とは正当にみなされることはできません。

(1) カント『純粋理性批判』第二版への序言。
(2) エディントンはそのギッフォード講演『物質世界の性格』(一九二七)において、人間生活の必要な前提でもあるような別の太陽系があるかどうかという問題を論じながら次のようにいっている。「たぶん、何億という星のなかの一つでさえも遊星の体系をつくりだすにいたるようなこのような経験を、正しい段階と条件のなかでへたものはないと私は判断すべきだろう」(一七七ページ)。

ダーウィン主義の場合はもっと危険なように思われます。万一、人類の家系が動物的な生活形態に由来するという仮設が科学的に確認された事実になったということを認めたとすれば——これが本当にそうであるのかどうかということは科学だけが決定しうることなのですが、今日まででは、まだはっきり決着がついていないように思われます——これは人間と動物とのあいだの連続性をみとめたことになり、それゆえ、人間は例外的な立場をもっているのだというういかなる権利をも失ってしまったということを意味するのではないでしょうか。もしもそうであるとすれば、それは人道主義がその基盤を失ってしまったということを意味するでしょう。人間は動物の変形にすぎないものにほかならないということになりましょう。精神的、人間的な要素の独立性や優位性はなく、質的、規範的な意味で《高次》とか《低次》とかについて語る可能性もないでしょう。人間はいっそう分化した動物にほかならなくなり、倫理は種族保存のための自然本能の一形態以外のなにものでもなくなるでしょう。しかし、もう一度事実とその意味するところを冷静に考えてみると、動物学的な観察によってえられた資料からそのような結果をひきだすことは、まったく不当だということがわかります。たといとくに人間的な要素がそのような最小限の形であらわれはじめるので、それを動物から区別することはむずかしいとしても、とくに人間的なものをけっして動物的なもののからひきだすことはできません。ダーウィン以後も、それ以前とまったく同様に、精神とか文化とか責任ある人格などといった概念をもふくめて、人間と動物とのあいだには同じように橋わたしできないような深淵がよこたわっているのです。およそ概念というものは《現に》感覚の集まりとはちがいます。論理的・倫理的な規範は《現に》自然の事実とちがっています。文化や文明は《現に》満足している生物学的な衝動とちがっています。責任ある人格は《現に》感情的な個人とはちがうのです。もしも《動物《ソーン》》としての人《マン》がたんに哺乳類の一つの種《しゅ》にすぎないとすれば、彼は《人間《フマーヌス》》(humanus) としては、《人間的なもの《フマーヌム》》(humanum) を構成する諸要素によって、あらゆる動物とあらゆる自然とちがっているのです。人間だけが文化生活をうみだすというのが理想主義的な人道主義の議論です。人間だけが神の言葉を聞きうるというのがキリスト教的な人道主義の議論です。人間の動物的な過去を発見することによって、自然の内部における人間のきわだった位置をゆるがしたのだと主張をするのは、科学ではなくて、無思慮で科学的には不健全な哲学的な思弁なのです。真の科学者は彼自身の分野において《人間《フマーヌス》》としての例外的な位置を経験しています。動物的な食欲や必要にもかかわらず、科学をうみだし、真理のために真理を探究するのは人間だけの特権なのです。

もしも、以上のべたことが本当であり、人道主義の基盤が近代科学によってもゆり動かされなかったとすれば、それだけにコペルニクス主義もダーウィン主義も、これとは正反対の方向を示す効果を精神史の経過のなかで実際にうみだしたということは、なおさら驚くべきことです。実際問題として、最も広い意味でのコペルニクス主義も、ダーウィン主義も、人道主義の解体と今日のニヒリズムの発生とに寄与《した》のです。くり返していえば、私たちの現在の精神状況を真に理解するために、この経過と原因とを理解しようとすることが、私たちの課題なのです。そのような研究が重要な結果をうみだすことが期待されます。私たちはまず、十八世紀初頭においてさえも、チューリヒの県庁がこの理論について論ずることを厳しく禁じたほどに、コペルニクス主義がキリスト教会と神学をゆさぶったのはいったいどうしてであったのでしょうか。(1) ふり返ってみますと、答えを見いだすことはそんなにむずかしいことではありません。コペルニクス主義が影響力をもったのは、教会が何世紀にもわたって、やるべきではないことをやってきたからなのです。教会は神の真理と世界の真理を混同していたのです。教会は古代の聖書的世界像を確認し、教義的に規範化しました。この世界像はその起源のゆえに私たちはバビロニアの世界像とよんでいるものであって、それには三つの階層、すなわち、地上という平面と、そのうえに、いわば同じ地軸のうえに、空もしくは天があり、その下には、黄泉《よみ》があります。この古代の世界像は神の啓示が人間にあたえられる入れものにすぎず、その啓示とはそれ自体なんの関係もありません。それゆえ、教会および神学は科学の圧迫をうけて、自分たちのものではない領域から手を引かなくてはならなくなりました。自然科学は、教会が以前の時代に理解していたよりは、科学の真理と本質とをいっそうよく理解できるように手を貸しました。

(1) E・フェター『スイス啓蒙主義における精密自然科学史』三三ページ。

だがそれにもかかわらず、キリスト教神学はコペルニクス主義に関する理解において全面的にまちがっていたわけではありません。神学は科学に反対すべきではありませんでした。しかし、その当時の合理主義的な人道主義の内部で、コペルニクス的な発見からひきだした、ある種の哲学的な結果に反対したのは正しかったのです。このルネサンスの人道主義は今度は新しい世界像を、キリスト教の啓示論そのものにたいする武器としてつかったのです。それは私たちが見たようなコペルニクス理論を、たとえば、(1) ジョルダーノ・ブルーノ〔一五四八－一六〇〇〕の実例にみるように、汎神論哲学と神秘主義の基礎として用いたのです。キリスト教からの人道主義的な解放運動においては、コペルニクス的な天体物理学は、はなはだ不当にも味方という印象をあたえました。くり返していえば、合理的な人道主義はそれだけではこんなことをしたといって非難されるいわれはないのです。他方、誤解したその正統主義によってこの過ちをひき起こしたのは、まさに教会だったのです。教会がコペルニクスにたいして放った一撃は、合理主義的な人道主義によって、教会にたいするコペルニクス的な一撃をもって防がれてしまったのです。しかし、一方において、時の経過のなかで、教会が自分の過ちを認めたのにたいして、ルネサンスの人道主義の相続人であり、継承者であった啓蒙主義の哲学は、同じレベルでたたかいつづけましたし、今日でも相変わらずそうしているのです。このような仕方で、コペルニクス主義は《悪によって》(per nefas) ではありますが、非キリスト教化された人道主義の形成において重要な要素となったのです。

(1) コペルニクス主義の予言者、ジョルダーノ・ブルーノは、同時に、キリスト教の教え、とりわけ、カルヴァン主義にたいする激しい反対者でもあった。寓話的・哲学的な論文『勝ちほこった動物』において、彼はキリスト教の教え全体を、人間中心的で、特定の人間だけしか救われないとして攻撃した。ディルタイ前掲書のジョルダーノ・ブルーノに関する論文参照（二九七―三一一ページ）。しかし、ブルーノの事例は、その当時の教会――ローマ・カトリック教会とカルヴァン主義の教会――の罪責を十分すぎるほどに示している。

ダーウィン主義の場合も似たりよったりです。キリスト教神学はもう一度、神-認識と世界-認識とを混同し、厳密に科学的な仮設であった進化論にたいして激しくたたかったのです。とりわけ、キリスト教会がはじめ、人間の存在が神の像につくられているというキリスト教の中心教理にたいする死の一撃だとあやまってうけとったのは、人間の動物的な起源についてのダーウィンの思想でした。この過ちは理解できることですし、許容できるものです。なぜなら、教会は《神の像《イマゴ・ディ》》論の信仰内容を伝統的な人間学的な概念からときほぐすのに骨のおれる思索を重ねたからなのです。しかし、そうであったからといっても、やはり過ちは過ちだったのです。(1) しかし、キリスト教神学の側《がわ》でのダーウィン主義にたいする誤解にもとづくこの反対にも、積極的な一面がありました。この科学的な発見が、あやまって、最も危険にみちた仕方で、哲学的に用いられるかもしれないと教会がおそれたのも理由のないことではありませんでした——なにしろ、これが用いられて勝利をおさめた日には、それはどのような種類のものであれ、人道主義の終わりを意味することにほかならないからなのです。ダーウィン理論のこのあやまった、しかもそのもたらす結果において致命的に危険な利用ということは、十九世紀後半における進化論的な哲学体系の発展において実際に起こったのです。それの最も純粋なエッセンスともいうべきものは、人間とは高度に分化された動物に《ほかならない》という命題です。この《ほかならない》理論はまさしくどのような種類のものであれ、人道主義の終わりであり、私たちの時代の自然主義的なニヒリズムの始まりだったのです。

(1) このような諸問題を念頭におきながらキリスト教人間論をもう一度新しく叙述しようという新しい試みが、わたし自身や(『矛盾における人間』一九三七、英訳『反抗的人間』一九三九)、ラインホールド・ニーバー(一八九二—一九七一)のギッフォード講演『人間の本性と定め』(一九四一および一九四二)においてなされている。

十九世紀における人道主義の解体

この進化論的な、えせ科学的な哲学はどうして可能となったのでしょうか。ここで私が以前の関連で注目したこと、すなわち、理想主義的な形而上学にもとづく真に理想主義的な形而上学から、実証主義的な反形而上学的な哲学への移行という問題に立ちもどることが必要になってきます。そのことは、もしも私たちがカントを出発点としてとりあげれば最もよく理解されます。フンボルトやシラーなどといった純粋な形の人道主義がそこから起こったカントの批判的な理想主義から、一方においてはフィヒテやヘーゲルなどの絶対理想主義もしくは思弁的理想主義、また他方においては、実証主義にまで立ちいたった反形而上学的な批判哲学という、二つのひじょうにちがった哲学の学派が展開してきました。オーグスト・コントの《人類教》(Religion de l'humanité) においては、倫理的な理想主義の生きのこり、いわば、自分みずからのうちには資源をもたない理想主義的な光の省察が残っています。ジョン・スチュアート・ミル〔一八〇六―七三〕やハーバード・スペンサー〔一八二〇―一九〇三〕などのような思想家の場合も同じです。彼らはみな、その根源から切りとられた一種の倫理的な理想主義を奉じていました。これらの哲学者たちはみな熱心に、真剣になんらかの人道主義を救いだそうとしていますが、満足すべき理論的な根拠をあたえることはできません。ダーウィン理論がのりこんできたのは、まさにこのような哲学的な文脈のなかだったのです。そうしてそれによって、人間とは高度に分化された動物に《ほかならない》という教理を本質的なものとする進化論の体系が発展されたのです。そのような基礎のうえでは、いかなる種類の人道主義も不可能であるということは――そのことを知らない人びとがまだ数多くいるにもかかわらず――明白なことです。人道主《ヒューマニズ》義《ム》は、もしもそういう言葉を用いることがゆるされるならば、たんなる人属主義《ホミニズム》〔人間を生物学的の体系における、哺乳類霊長目のなかの人属《ヒト》以外のなにものでもないと考える立場〕に退化しているのです(1)。人間的なものは、観察の結果しりうる自然の事実にすぎないものになっていきます。そのような自然主義的な根拠にもとづいて人間を動物から区別し、人間が自然にたいしてなにか独立した存在であるということを弁明することは不可能です。もしも、自然連続性がただ一つの現実であるとすれば、精神的な規範、良心、より高い定めなどはありえません。《高次》とか《低次》などについて語ることはただ《言葉のあや》(façon de parler) にすぎず、価値とか規範などにはそれ自体なんら関係をもたない生物学的な分類でしかないのです。そこで、コントやミルやスペンサーにつづく世代において、さらに、進化論体系の発展が初期の理想主義的な人道主義の生きのこりをどうして消し去ってしまったのかという理由を理解することは容易です。もしも、人間が高度に発達した哺乳類霊長目にほかならないとすれば、人間の尊厳、人格、人権、人間の定めなどといった思想は意味をうしなってしまいます。理論的にはもうすでにスペンサーの時代にあった破産は、彼以後の数十年間に宣告され、最近ではただそれを執行する仕事だけがのこっている状態なのです。

(1) ここで《人属主義《ホミニズム》》とよんだものは、多少なりとも最近英語圏において《人道主義《ヒューマニズム》》という言葉で理解されているものである(シラー『人道主義』一九〇二年、『人道主義研究』一九〇七年など参照)。

理想主義は、その人間観を保つために、どうしても人間の人格を動物的もしくは感覚的な部分と精神的もしくは神的な部分とに分けなければなりませんでした。しかし、いったいこの私という具体的な個人はなにものなのでしょうか。もしも《個人の主要なものは物質である》(principium individuationis est materia)という原理にしたがえば、私の個人的人格などというものは低次の部分に属しているものであり、精神的な基礎も尊厳ももっていないのです。しかし、もしも人格が神的な部分に属しているとすれば、どうして個人的であり、複数でありえたのでしょうか。理想主義は精神と自然とを分離します。しかし、私は精神なのでしょうか。それとも精神は私の精神なのでしょうか。ストア主義者の時代から、神の火花という思想によってこの問題を解決しようとする試みがなされてきました。人間の心は神的な精神の火花なのです。もしもそうであるとすれば、それと個人との組み合わせは、一種の追放、監禁、古代のピタゴラス主義者のいいまわしにしたがえば《身体は墓場《ソーマ・セーマ》》(σῶμα σῆμα)ということにちがいありません。そこで、この個人の精神は神の精神と再び統合されることへと傾いていかないわけにはいかないのであり、個人の人格はただ暫定的なものにすぎないのであって、本質的・決定的な存在の状態ではないのです。そこでこの個人的な人格である私は高次の部分は神的な精神のうちに飲みほされ、低次の部分は自然にもどることによって、滅んでしまう運命にあるのです。そこで自然の世界に対抗して立つのはこの個人的人格としての私ではなくて、普遍的に神的な精神と物質的な自然といった互いに対立している二つの一般的・非人格的な存在があるのです。しかし、この個人的な自我《エゴー》である私は、これらの二つの普遍的・非人格的な存在のなかへ消えていく運命を担っているのです。個人的な人格である私は自然よりもすぐれたものではなく、いずれにせよ、失われていくものなのです。それが神的な精神のなかで失われるとしても、物質的な自然において失われるとしても、それがいったいどうだというのでしょうか。個人の人格の価値についてのこの疑念こそ、あらゆる理想主義のなかにもともとそなわっているものなのであり、さらに、それ以上に退化していく一つの根源なのです。個人は、個人の人格の形而上学的な価値にたいしてそのようにも無関心な一種の人道主義に、いったいどういう関心をもちうるというのでしょうか。

第二の点は、第一の点と密接に関係しています。古代の人道主義は古代の宗教から生じてきました。その形而上学はキリスト教以前の宗教と神話論の合理的な変形でした。いまやこの宗教はキリスト教によって破壊され、古典ギリシアへの熱意もそれをよみがえらせることはできませんでした。近代の理想主義的な人道主義はキリスト教の伝統から生じてきました。それは、いわばキリスト教神学の合理的な副産物でした。この人道主義は、合理性への傾向にしたがって、キリスト教的な基盤からはなれていくかぎり、その形而上学的な内容はうすく不確実なものとなっていきました。この人道主義の基盤として、理想主義的な形而上学を発展させていくことができた有力な思想家が何人かいたことは本当です。しかし、これらの思想体系は、まず、だいたい限定された思想家といった少数のエリートにしか理解されず、大部分の人びとには影響をあたえませんでした。それを別にしても、そのような理論的な理想主義は深遠だとはいいませんが、実在の問題のもっともらしい解決のためにはあまりにも抽象的すぎたのです。この理想主義は十九世紀前半において、その役割を果たし終わったのです。私たちがすでに見てきましたように、生き残って、すべての真の人道主義の墓場となったあの実証主義哲学への移行をも形づくったものは、実に非形而上学的な理想主義だったのです。存在のなかでなんらの基盤をもつことなく、せいぜい理想的な価値や要請をしっかりと保つことくらいしかできなかった理想主義は、人間をもふくめていっさいを因果論的に説明していく自然主義的な実在論の波に抵抗する力はありませんでした。このようにして、ルネサンスの時代にひじょうな熱意をもってはじめられたキリスト教からの解放は、そのうちにはもう真の人間的な価値を認める余地などはなくなった、かたくなな粗野な自然主義に終わったのです。

キリスト教思想による、宇宙における人間の位置

しかし、真の《キリスト教的》人道主義はこれまでキリスト教世界とよばれた世界においてさえも未完成の計画なのです。これはキリスト教会が現代にたいして負っている負い目なのです。キリスト教は、教会の教義、教会の権威などから独立した合理主義的な人道主義を見いだそうとしてきた、近代の試みのなかにふくまれている犯罪行為に大いにあずかっているということから無罪放免を申しわたされることはできません。しかし、いまは過去の犯罪行為を、この罪はだれのせいだといってふり分けていくときではなくて、真の人道主義の基礎を見いだすべきときなのです。この基礎が聖書の啓示のなかにしか見いだされえないのはなぜかということを示すのが、これからの講演の課題なのです。私たちはこの講演のなかで、

宇宙における人間の位置という問題の一つの面だけをとりあつかってきました。

人間が神の像にかたどってつくられたという聖書の人間観は、人間を自然のうちに位置づけ、しかも同時に、人間を自然をこえてたかめたという二つのことをしました。人間はすべての自然と同じように、その全体性において被造者なのです。ちょうど、世界の真の遠近法について私たちにあのようにも重要なことを教えてくれた詩篇の作者が〔本書第二講、「存在もしくは実在の問題」の終結部参照〕、自分が神からつくられた存在であるということと、自分が母親の胎内で胎児であったというその起源の両方を調和させることができたように（詩篇一三九の13－15）、真のキリスト教人間観は人類が人間以前の領域のなかに起源をもっているという考えを拒否してはいません。そうして、聖書において私たちに語りかける人間が、いつも人間が神につくられた宇宙であることを知っていたように、真のキリスト教人間観は宇宙空間においては上も、下も、中間もないという考えを排除していません。キリスト者はまた同時に、神が人間に全世界を支配するように命じたということを知っています。なぜなら、神は人間を、そうして人間だけを、盲目で無言で無知な必然性においてではなく、神の言葉をきいて自分の決断によってそれに応答することにおいて、神の意志を執行しなくてはならないように創造したことを知っているからです。この神のよびかけにおいて、人間は自分の人格的な存在と他のすべての被造物をこえる優位性がもっている最も深い基礎を認識するのです。まさに、この神からあたえられた自然支配において、人間はただ自然力を用いるだけではなく、また、神が自分にあたえた理性によって自然を研究する能力と権利をもあたえられているのです。しかし、神の言葉によって条件づけられており、それに応答する責任をもっていることを知っている人間は、創造主に対抗し、まちがった自律性を口実に自分を神から解放するために理性を用いることによって、世界についての科学的知識を誤用しようとは思いません。そのような人間は、神から離れて、自分の技術的な成果のとりことなるような人間にはなりません。そのことについては、あとでお話し申しましょう。

しかし、《神の像《イマゴ・デイ》》の教えはそれだけで自分の権利を主張しているのではなく、その最も深い意味は神の啓示という中心点からはじめて理解されるのです。キリスト教的人道主義の背後には根本的な基礎として、神の奥義と人間の秘義とが一つになって啓示されているあの《人物》〔イエス・キリストのこと〕への信仰、宇宙の創造主が人間に愛着をもち、その創造的な言葉において宇宙の全構造がその基礎をもつ神が、神の世界の目的は、人間における神の像の回復と完成だということを知らしめ、それゆえ、人類の歴史だけではなくて、全宇宙が神の人間性〔イエス・キリスト〕において完成するという信仰があるのです。宇宙で、他のものと比較することのできない、独自な位置を、人間にあたえるのは、まさに、キリスト教人間観のこの面なのです。

天体物理学が宇宙の構造について過去において明らかにし、これからも明らかにしていくことや、生物学が人間以下の有機体と人間の有機体とのあいだの結びつきについて、これまで発見し、これからも発見していくことも、なに一つとしてこの真のキリスト教的な神・人中心主義〔神・人両性をもつキリストを中心とする立場〕をゆりうごかしたり、それにふれることさえもできないのです。もしも神が人間を神の像にかたどって創造したということが、そうして、この像がキリストの神・人性において実現されるということが本当ならば――そうして信仰はこれが本当だということを知っているのですが――、自然の領域のものであっても、歴史の領域のものであっても、この信仰がうしなわれないかぎり、この人道主義を根こそぎにすることはできません。しかし、この信仰が保持されるところでは、それが新約聖書の啓示というその源泉がもっている力と純粋さにおいて生きいきとしているところでは、キリスト教的人道主義はただ人間と宇宙におけるその位置についての人間的な理解から成り立っているだけではなく、同時に、日常生活や文化生活一般のすべての面に、真の人間性の徴《しるし》をしるさずにはおかないような力から成り立っているのです。

七　人格と人間性

原始的集産主義

人類の歴史は集産主義とともに始まります。原始人も原始社会も個人としての人格を知っていません。人間というのはまったく総称的な存在なのです。個人はだれもがすることをやり、人びとが全体として考えていることを考えるのです。ちょうど、原始人が自分を動物からはっきりと区別していないように、個人は全体のなかで区別されていません。集団としてものを考えるということが原始社会をまったく支配していました。私たちが知っている最古の文明、エジプトとバビロニアの文明は徹底して集産主義でした。彼らが文化的に達成したことは、王というただ一つの例外を除いてはだれがやったかわからない匿名のままです。しかし、王の名前だけがこの匿名性から高くあげられているのは、その人格のせいではなくて、その社会的・政治的な機能によるのです。最高の公的権威の所有者としての王が、神性をもち、神々の子孫としてあがめられていたというまさしくこの事実こそ、集団的、制度的なものが、人格にたいしてもっている恐るべき優位性を示しているのです。

個人的人格の発生

ギリシアは個人の人格の発見においては開拓者となった国民です。たぶん私たちは、プロメテウス神話を個人解放の最も初期のはじまりだと主張してもよいでしょう。この過程において、アイスキュロス〔前五二五―四五六〕や、ソフォクレス〔前四九六頃―四〇六〕やエウリピデス〔前四八五頃―四〇六頃〕の悲劇が重要な役割を演じたことは疑う余地もありません。しかし、さらにそれ以前においてさえ、アテネではなくて小アジアにおいて、集団、制度から個人を引きはなすことが始まっています。これが小アジアやシシリア島の海辺ではじまった哲学的な省察の意義であり、それは意味ふかいことには出発当初から神話の競走相手として展開されたということです。

さて、はじめて、あえて独自にものごとを考え、神話論を批判し、自分たちを伝統から解放しようとした、大胆な個人があらわれます。アテネにおいては、同じ精神の表現として、民主的な共和国が設立されます。思弁的な哲学や個人化していく喜劇などが、社会にたいする辛辣な批判をともなって、同時におこってきました。個々の創造的な個人が前面にあらわれ、文化的な業績は創作者の名前でよばれ、個人的な名声はもはや軍事的な勇ましさ、つまり、集団の安全のための行為だけにかぎられるのではなく、思想家、詩人、芸術家にもあたえられるのです。名声は、私たちが今日考えやすいように、ただ個人の虚栄や野心の問題であるだけではなく、名声という現象は個人が自分の私的な価値を自覚するようになってきたということを示しています。ギリシアの古典古代が、個人化された文化活動と個人がされた人間性にとって、けっして凌駕されることのない模範となるのは、まさしくこの経過においてなのです。きわだって個人的な表情がさまざまにあらわれている無数の多様性のなかに人間《ヒューマン》の表情が姿をあらわしているのです。

さらに、この集団からの解放は、それが始まるやいなや反対の極端にむかっていったかのように思えます。詭弁哲学においては、アテネの社会がその道徳的・宗教的な基礎をゆりうごかされるほどに、個人主義は極端な主観主義を徹底して表現するものになってしまいました。アテネの民主主義が、無政府主義的な群衆支配のえじきになる危険にさらされたのも同じころでした。個人の解放はあらゆる客体的な規範の完全な、懐疑的な解体に終わるように思われたのですが、道徳的・宗教的なたくわえがまだ底をはたいてはいないということや、社会にとってなにが必要なのかということについて一般の人びとが考えていたことなどのおかげで、そうして最後に——といっても、最小というわけではないのですが——、プラトン哲学、アリストテレス哲学などの偉大な成功のおかげで、主観主義的な詭弁哲学は一つのエピソード、もしくは克服された危機にとどまりました。実にこのあとではじめてギリシアの人道主義が再びはっきりと主張され、人間性とか人間的なものとかいった概念が形づくられたのです(1)。

(1) イェーガー『パイデイア』(一九三四—四七)、F・ヴェールリ『古代的人間性の概念について』(一九三九)参照。

これはプラトンやアリストテレスにおいてはいまだ完全な意味においては本当ではありませんでした。なぜなら、彼らにとっては人間的なものというのはギリシア人のことだったからなのです。ギリシア語の範囲をこえたところからは野蛮人の領域がはじまるのであって、彼らは真の人間とは考えられないのです。そうしてこれらの偉大な思想家たちにとっては、奴隷の存在——つまり、尊厳も権利ももたない人間——はあたりまえのことだと考えられていました。しかし、ギリシアの古典哲学がもっていたこの限界は、ギリシア哲学、とくにストア哲学によってすぐさま克服されるのです。想像力はギリシア人の範囲をこえて人間そのものにまで拡大され、人類全体という観念がはじめて形づくられました。《私は人間であ《ホモ・ス》る《ム》》(homo sum) という言葉は高貴さを表わす最高の称号となるのです。人間の顔をもっているすべての存在が人間としての不滅の尊厳をみとめることが、最高の倫理的な原理となります。人間性の原理は発見され、それは――ただ教えられただけではなくて――、こういわなくてはならないのですが、とりわけ、ローマの土壌に生きた後期ストア哲学者によって、高度の宗教的な感情をもって、のべつたえられたのです。そこで古典的古代、ギリシア精神は、人間性の発見においてなされるべきであったことをすべてなしたように思えます。それは個人的な人格と普遍的な人間性という両者を生みだしたのです。

交わりと相関的な、キリスト教人格観。理性ではなくて愛が真に人間的なものである

しかし、同時にいっておかなくてはならないことは、西洋の人道主義の主要な基礎となったのはこのギリシアの人道主義ではありませんでした。そのことは、これとはまったくちがった性格をもったもう一つの力――キリスト教のために貯えてとっておかれたのです。キリスト教会が、初代教父の時代以来、文明と人道主義について古代の古典的な遺産からかなりのものを吸収したということは疑う余地もありませんが、人間の本質と真の人間性についての基礎概念は、その基盤だけではなく、またその内容やその実際的な帰結においてもまったくちがったものでした。

私はキリスト教人間観とギリシア的人間観のこの基本的な相違を、人格の概念と共同体の概念、そうして身体と精神の関係という三点において定式化してみたいと思います。これらの三点は密接になくてはならない関係にあることがわかることと思います。それゆえ、私たちはそれらをむしろ一つの同じ事柄の三つの面とよんだほうがよいかもしれません。

1　私たちは、ギリシア精神が個人の人格を発見し、その真価を認めるのに、どれだけ多くのことをしてきたかということを示そうとしてきました。しかし、古いプラトン的・アリストテレス的な人間観とそれ以後のストア的な人間観とを比較研究することによってわかるように、ギリシア的人間観は致命的な《あれか・これか》によって脅かされていました。プラトンやアリストテレスにおいては、ある程度の個人の人格の評価は、異なった機能と釣り合っている、理性の明瞭度を観察することによって可能になります。このような個人化された見解の結果、ギリシア人と野蛮人、男と女、自由人と奴隷などといったようなちがったグループの等級や段階をつけるといったことがおこりました。私たちはプラトンの国家において、私たちはこの思想にもとづいた一種の真のカースト制度に直面します。(1)さて、ストア哲学者はこの段階的な概念をすてて、それにより人間性の原理に完全な普遍性をあたえました。あらゆる人間は同じ神的な理性が各人のうちに内住しているので、他のどの人間にたいしても本質的に平等なのです。しかし、この思想は人間性の普遍性の原因となったものである一面、私たちがストア哲学者の著作のなかで見いだすような非人格的・抽象的な人間観をもうみだしました。私の尊重の対象となるのは、その個人的存在において、ここにいるこの人間ではなくて、彼のうちに内住し、すべての人のうちに同じように内住する神的な理性こそがその対象となるものなのです。それゆえ、私たちの評価がさしむけられ、人間を人間たらしめるのは、非人格的な一般原理なのです。(2)

(1)　プラトンの奴隷観については『国家』《ポリテイア》Ⅴ・四六九、Ⅳ・三三一、『法律』《ノモイ》Ⅳ・七七六など参照。一種の〈おだやかな〉カースト制度の基礎としての個人化の原理については、『国家』Ⅲ・四一五、Ⅳ・四三三、四二七など参照。

(2)　(後期)ストア主義において、人間観がどんなに抽象的であったかということは、賢者の普遍的な身分についてエピクテトス〔五五頃―一三五頃〕がのべているところから見られよう。『対話』Ⅲ・二二参照。

キリスト教的な人格観はこれとはまったくちがっています。ここでは私をひとりの人格、責任ある存在とするのは、この個人である私に、神と交わるようによびかける、神の召命なのです。「私は《なんじ》を、《なんじ》の名前をもってよんだ。《なんじ》は私のものである。」神の《われ》が私を《なんじ》とよび、個人である私が、ここで、このようにして存在しているものが、永遠の神によって見られ、よばれているのです。この人格の尊厳は、すべての人間のなかにある抽象的・一般的な要素、つまり、理性において基礎づけられるのではなくて、個人の人格それ自体が、神によってよびかけられるにふさわしいものと思われているので、このような価値評価の対象なのです。人格的な神だけが根本的に真に人格的な存在と責任とを確立することができます。この責任とは神の創造的なよびかけに応答する不可避な必然のことであり、それに応答するのは、この応答もまた決断だからなのです。神の愛におけるよびかけは、人間の愛における応答によってこたえられなくてはなりません。このようなことをすることによって、――自分が神によって愛されているように、神を愛することにより――人間は神に似たものとなります。神の愛を受けいれた、愛する人間は神の像なのです。人格的な神の愛は抽象的・非人格的な人間性をつくりだしません。それは個々の人間を、最も人格的な応答の責任へとよびかけるのです。

2　第二の要素、すなわち、共同体との関係はこの第一の要素と最も密接に結びついています。ギリシア哲学においては、理性が《人間性の原理《プリンキピウム・フマニターティス》》(principium humanitatis)ですので、それによっては交わりとの関係はなんら基礎づけられません。抽象的な理性は交わりへと向かわないで、統一へ向かいます。ものごとを考えることにおいて、私は一般的な真理、理念へ向かって、私の隣人である《なんじ》へは向かいません。理性の活動はそれ自身のなかに意味をもち、賢い人間は自分で充ちたりていて、自分からでて他へ向かいたいという欲求をもたないのです。しかし、キリスト教信仰においては、私を個人的な人格にするものも、私を必然的に私の仲間の人間に導いていくものも同じもの、神の愛なのです。神はその自由な恵みにおいて、人間にその愛をあたえ、それをあたえ返すために、人間がそれを受けいれるようにとよびかけるのです。理性ではなくて、愛が《人間性の原理》《プリンキピウム・フマニターティス》なのです。そのような仕方で、神のかわりにあたえられるこの愛は、神との関係および仲間の人間との関係を決定します。「主なるあなたの神を愛せよ」、そうしてそれにつづく戒めはそれと同じようなものなのです。「自分を愛するように、あなたの隣り人を愛せよ」〔マタイ二二の36―40参照〕。それだけではなく、真の人格の基礎は、神の戒めではなくて、神の愛の賜物なのです。神は人間に、彼自身の愛をあたえますが、しかし、受けいれるという自由な行為、信仰である応答的な愛をほかにしては、受けいれられないような仕方でそれをあたえるのです。ギリシア的理想主義は《統一》の体系ですが、キリスト教は啓示された交わりなのです。

これはギリシアの理想主義とはひじょうにちがった性格の人道主義の創造を意味するのです。真に人間的なのは、理性ではなくて愛なのです。理性、精神的活動は、愛に従属するのであり、それは愛の手段なのです。すなわち、入れかわって、文明もまたそれ自体、本質的に人間的なものではなく、手段なのであり、それ自体目的ではなくて、表現なのです。同様に、賢い哲学者の特色である《自己充足》《アウタルキア》の合理的原理はここでは不可能なのです。人間は共同体のなかにはいらなければ、真に人間的になることはできません。彼は仲間の人間と愛の関係にはいるように、愛の神からよびかけられているのです。

3　人間性という理念の基盤をどこにおくのかというこの対立は――一方ではそれを内在的な神的理性におき、他方ではそれを神の超越的な神のよびかけにおくのですが――第三の意味において、最も特徴的で重大な仕方で表われます。ギリシアの理性論はそれに二元論的な人間観をともなっています。人間は二つの部分からなりたっています。人間はその高次の要素である理性によって神的な存在にあずかり、その低次の要素である身体によって動物性にあずかり、悪はそこからでてくるのです。一つは人間の尊厳の基盤であり、もう一つは人間の恥ずべき行ないの原因なのです。このような行ないは、この低次の部分を非本質的で偶然的であるとよんでもいいという事実によってのみ、その罪を軽減されうるのです。創造主の愛のよびかけに応答するキリスト教信仰は、人間の構造について、きわめて異なった見方をうみだします。体と心とをもった人間全体は、神の創造なのです。人間の合理性を神的なものと考える理由がないのと同じように、体をいやしめる理由もないのです。体と心とをもった人間全体は、神との交わりのなかにはいり、神につかえるようによびかけられています。それゆえ、精神的なものは身体的なものとのからまりあいのなかから救出されるべきであり、この精神的な自由は外の世界にたいして維持されなくてはならないといった、プラトンの『ファイドロス』以来、理想主義には固有のものとなっている禁欲的な理想などは、ここでは問題になりません。ここで課題となっているのは、この身体・精神的な人格の全体において、この世界における神の働きに協力し、同時に神への奉仕と人間への奉仕とを意味し、神の子の自由と気高さの表現であるこの奉仕へ愛をもって献身することなのです。私たちは、いまなお、これらの二つの異なった人間論から、結果としてどのようなちがった筋肉労働の考え方が生ぜざるをえなかったかを推察することができます。しかし、私たちが中世の教会において見いだす禁欲的な精神主義はキリスト教に起源をもつものではなくて、ギリシア思想に起源をもつものであり、それは中世哲学における新プラトン的な要素とまさしく並行するものなのです。

さて、——一方では内在の原理、他方では神の愛とそれに報いる奉仕の関係という——これらの要素を統一としてとりあげる場合、さらに本質的な相違があらわになってきます。アリストテレスの『ニコマコス倫理学』のなかの最も美しい章節、友情についての一章（同書第八巻）においてこの偉大な思想家は、人は愛せられるにふさわしい人だけを愛しうるのだということを当然のこととして語っています。だれかふさわしくない人間を愛することは、いやしい精神のしるし、価値感の欠如のしるしということになりましょう。さて、キリスト教的な愛は罪ぶかい、無価値な人間にたいする神の愛にもとづいています。そこで、この愛は自分がそれにふさわしくない存在だという自覚においてうけとめられます。つまり、キリスト教的な《人間性《フマニタス》》（humanitas）の背後に、私たちは《謙虚《フミリタス》》（humilitas）があるのを見いだすのです。ちょうどふさわしくない人にたいする愛がその最も純真な表現であるように、謙虚は真の愛の最もはっきりとしたしるしなのです。これが、キリスト教的な人道主義を、理想主義的なギリシアの人道主義から最もはっきりと区別する特色であり、同時に多くの人道主義者にとっては大きなつまずきとなっているものなのです。ここで明らかになっているのは、本質的にはキリストの十字架のつまずきであり愚かさなのです〔第一コリント一の18以下参照〕。

近代史における人格主義の衰退

キリスト教の時代の最初の十五世紀間、これらの――キリスト教的な人道主義と理想主義という――二つの形の人道主義は、お互いの特性には気がつかないで、ある意味で結合もしくは混合した形で共存してきました。それから、西歴千五百代に、私たちが前講において語った、ルネサンスと宗教改革という二つの主要な運動の本質である、あの二つの面をもった分離の過程が起こったのです。それにつづく何世紀かの時の流れにおいて、近代の気質がこれらの二つの運動の最初のルネサンスのほうをこのんでいることが明らかになってきました。人類は文明の内在的・合理的な基盤を求めにでていましたので、ルネサンスの人道主義観のほうをこのんだのです。しかし、これは以前にはキリスト教的なものであった基盤からヨーロッパの文明が前向きにはなれていくということを意味しました。この運動の様相はすでにおおまかにたどったところです。その出発点はまだキリスト教的なものと密接に結びついていた有神論であり、それゆえ、それは宗教的・形而上学的な基礎をもった人道主義なのです。ところが、他方、この運動の終点は、キリスト教的なものであれ、ギリシア的なものであれ、どのような種類の人道主義にも基盤をあたえることのできない、自然主義的な実証主義なのです。そこで起こってくる問題は、いったいどうして、ギリシア的な人間性の概念を回復するという、ルネサンスの人道主義の本来の計画が遂行されなかったのかということであり、もっと適切にいえば、キリスト教からの解放の過程がどうしてよみがえったギリシアの古典的な人道主義のなかでうまくいとめられなかったのかということなのです。

　この問いにたいする答えは、前講において、のべられたところから出てきます。ギリシアの人道主義は《無からの創造《クレアチオ・エクス・ニヒロ》》(creatio ex nihilo) ではありませんでした。それは古代の異教宗教を合理的に変形したものであって、その確信力の多くを、この宗教的・形而上学的な前提からひきだしたのです。キリスト教以前の宗教はキリスト教によって完全に滅ぼしつくされた現在、この前提は再生されることはできませんでした。ルネサンスの人道主義や、啓蒙主義の初期の人道主義でさえも、それがなお《キリスト教的》伝統の形而上学的な内容からひきだしたかぎり、この事実は気づかれないままでした。しかし、この結びつきが失われ、あるいは自覚的に打ちきられたかぎり、理想主義的な人道主義は宙にういてしまいました。哲学的形而上学の体系は、少数エリートの哲学的思想家によってだけ近づきうるのだとすれば、まさしくそのような理由によって、失われた宗教的な基盤と同じような代用品になることはできませんでした。この形而上学的な背景は実証主義の運動によって決定的・意図的にわきに押しやられ、この瞬間から人道主義はその基礎をうしなってしまったのです。それはしだいに自然主義的な非人道主義、唯物的な集産主義、強者による弱者の無残な絶滅についての似《え》而非《せ》ダーウィン的な原理、有力な個人が大衆を支配するという似《え》而非《せ》ローマン主義的な原理などといったものに置きかえられていきました。

私は、この一般的な運動を、私たちがちょうどギリシア的な人道主義とキリスト教的な人道主義の相違点をはっきりとさせた、あの三つの同じ領域のなかで、この経過がどんな影響をもっているのかということを示すことにより、いっそう具体的に説明してみたいと思います。これらのうちの第一の点は、神の選び、人格的な神の人格的なよびかけにおける人格のキリスト教的な基礎です。さて、この超越的な人格の基礎の最初の代用品となったのは神的な理性という内在的な原理でした。この神的な理性は、合理的な人道主義のはじまりにおいては——たとえば、エラスムス〔一四六五（六六）—一五三六〕や、ジョン・ロック〔一六三二—一七〇四〕などの人道主義においては——まだキリスト教神観と密接な関係をもっていました。これらの合理主義的人道主義の父祖たちは、キリスト教の啓示から脱出していくことを意識していただけではなく、また自分たちが聖書の伝統のなかにいることを信じていたのです。しかし、無意識のうちに起こった決裂はしだいに明らかになってきました。理性の原理はますますその超越的な内容を人道主義からうばいとりました。理想主義の哲学体系においてあたえられたような形而上学的な解釈は、近代の世俗主義の流れに抗することはできなかったのです。

私たちは、人間性についての半超越的な解釈から世俗主義べったりの解釈にいたるこの変化を、ヘーゲルの最も重要な三人の弟子たち、つまり、フォイエルバッハとシュトラウスとマルクスの発展において見ることができます。彼らはみなヘーゲルの絶対理想主義の熱烈な追随者として出発していますが、いずれも多少なりとも唯物論的な性格をもった、きっぱりとした自然主義で終わっています。しかし、理論的にその正当性を論証することはしていないにせよ、彼らはみななんらかの人道主義的な要素を残そうとしています。フォイエルバッハは彼の個人という概念において、人格の理念という要素をいくらか保護しようと試み(1)、他方、マルクスは人格を制度――ヘーゲル流の理念の体系ではなくて、個人がそのなかではひじょうに従属的な役割しか果たさない、現実的な経済制度――の犠牲にしています。さてシュトラウスの番ですが、彼は、理想主義的な人道主義の残していったものはぜんぶでこれだけだったのですが、うすい禁欲主義的な色どりによって辛《かろ》うじてやわらげられた、無骨な唯物論をもって登場してきます。もうひとりの新しい型の人間論のチャンピオン、フリートリヒ・ニーチェ〔一八四四―一九〇〇〕の怒りをかったのは、まさしく、このような貧弱な連中であったのです。彼がどのような種類のものであれ、宗教や形而上学を信奉している人間をそうよんでいるのですが、《遅れた世界の住民》に宣戦を布告し、強力な個人がなみの大衆をこえて頭角をあらわし、大衆を権力意志の材料にすると宣言することによって、ニーチェの計画は《全面的な価値転換》となるのです。私たちは、これらのマルクスやニーチェの概念の背後に、マルクス以後の共産主義的なものであれ、ニーチェ以後のファシスト的な形のものであれ、人間の人格が実際には死滅し、廃止されてしまうような全体主義国家という怪物のような姿が、もう人類のうえにあらわれはじめていることに気がつくのです。

(1) フォイエルバッハ『宗教の本質』、および『キリスト教の本質』。もっとくわしくはブルンナー『啓示と理性』一六章参照。D・F・シュトラウス『古い信仰と新しい信仰』(一八七二)。カール・マルクスについてはエンゲルスのものとともに《歴史的・批評的全集》に編集された初期の著作を参照(マルクス・エンゲルス研究所、モスコー・フランクフルト、一九二七)。

その三つの主要な原因、内在主義、個人主義、精神主義・唯物主義

しかし、この人道主義の衰退がドイツの精神史の内部だけで起こったと考えることは、まちがいでしょう。あのヘーゲル主義の唯物論的な展開と同じ時代に、フランスにおいては、あらゆる形而上学を否定して、《人類教》を述べ伝えるオーギュスト・コントの《実証主義哲学》がおこっています。イギリスにおいてはスチュアート・ミルとかハーバード・スペンサーなどといった人びとによって指導された、人間をただ内在的な前提からだけ解釈し、しかも、自然主義的な文脈のなかで、それが供給することができなかった人道主義的な要素をいくらか保存したいと試みる同じような傾きをもった、似たような思想の学派がありました。フランス的な実証哲学の体系の背景ともなり、また、イギリスの実証哲学の体系の背景ともなっている進化の理念は、ギリシア的な意味においても、キリスト教的な意味においても、人格の理念といったものを保護することはできませんでした。高度に分化された動物は――分化された霊長類とは区別された――人格、(ギリシア的な概念においてそうであるように)神的なロゴスとの関係であれ、(キリスト教的な概念においてそうであるように)創造主の人格との関係であれ、超越的な真理とのある種の関係であるような人格ではありません。実証主義者たちは個人的には、ギリシア的・キリスト教的な伝統がつたえてきた道徳的な価値をもちつづけていく心ぞなえを十分してはいたのですが、それらはことごとくむだでした。リンゴの木をみな切り倒してしまってから、リンゴの実をうることはできません。これがその後、数十年間に、この実証主義哲学の代表、自然主義哲学がその影響をこうむらなくてはならなかった理由なのです。彼らは自分たちの用語のなかから人間の尊厳とか人権などの理念をすて去ってしまい、そ

のかわりに彼らの自然主義的な体系にぴったりと合ったもっと現実主義的な用語で置きかえたのです。(1)他の国々におけるこの哲学の支配が、ドイツやロシア、つまり、実証主義哲学の実際化にほかならない全体主義国家と同じ結果をうみださなかったのは、人間的な言い方をすれば、ほとんど偶然なのです。

(1) グンプロヴィチ〔一八三八―一九〇九〕、オッペンハイマー〔一八六四―一九四三〕、ギッディングス〔一八五五―一九三一〕などの政治理論の体系や――ひじょうにちがった方法を用いてはいるが、同じような結果をえている――ケルゼン〔一八八一―〕の形式主義を参照。

理想主義から自然主義的な実証主義への変化は、もしも、私たちが第二の観点である共同体の問題から見るならば、とりわけ理解しやすいものになるでしょう。意識的・無意識的に人道主義をそのキリスト教的な基盤から解放しようとしたルネサンスや啓蒙主義の初期の人道主義者たちは、彼らがそのことによって重大な影響をもつ、社会学的な二者択一をつくりだそうなどとは夢にも思わなかったにちがいありません。キリスト教信仰においては、人格の独立と共同体の必要性というこの二つは同時に、ひとしく認められています。個人を自由と独立した尊厳へと召し集める神のよびかけと、彼を交わりと相互の責任へと召し集める神のよびかけとは同じものなのです。個人の人格と共同体とは、キリスト教の神の観念のなかでだけ一致します。この基盤をはなれては、両者は共存できません。この一致はキリスト教的な基礎を離れては、個人主義的な自由主義か、集産主義的な権威主義かという二者択一に解体してしまいます。

理想主義的な人道主義はそれ自体いつも貴族的な教えでした。それは少数の小市民の生活観念です。人格の基礎である、内在的な神的理性は、個人の人格の《自己充足《アウタルキア》》、もう他のなんぴとをも必要としない、ストアの賢人をつくりだします。理想主義型の人道主義者は、自分のうちに神的な火花があることを知り、それゆえ、本質的には独立していることを知っている精神的貴族なのです。彼を共同体へと導いていいくものはなんら本質的なものではなく、ただ外面的な必要性にすぎないのであり、この共同体はそれ自体、真の交わりではなくて、契約的な性格をもっている結びつきにすぎません。本来的・有機的・必然的な共同体というものはなく、ある目的によってうまれ、それゆえ、一種の《社会契約》によって規制される共同体しかありません。なにかの《社会契約》のうえに成りたっているのは国家だけではなく、結婚とかあらゆる共同体なのです。もしも、個人が自分のうちに本質的なものをもっているとすれば、人はどうしても基本的な相互依存性にはいっていかなくてはならないのでしょうか。このような文脈では、共同体はけっして個人の人格と同じ水準にあることはできないのであって、なにか従属的・偶然的なものにすぎません。すなわち、理想主義的な人道主義は個人主義的な社会に立ちいたるのであり、ついには無政府主義的な結末とならざるをえないのです。そのキリスト教的な基盤を廃止してしまったかぎり、近代の社会が潜在的な無政府主義もしくは解体の状態にあるように思われるのはこのような理由によってなのです。

十九世紀のなかごろから、この個人主義にたいする激しい反撃が始まり、こんどはいれかわってこの集産主義的な反動が自然主義的な哲学から論理的にうみだされてきました。理想主義的個人主義にかわって選ばれたものは自由な交わりではなくて、動物的とまではいいませんが、原始部族的な集産主義なのです。衰退していく自由な民主主義を相続したのは、非人格的な大衆人間、社会構造と中央集権化された自動的・機械的な全体主義的国家の一分子でしかない人間なのです。強力なキリスト教的な伝統がゆきわたっていたところでだけ、個人主義か集産主義か、というこの致命的な二者択一をさけ、連邦的な、中央集権化されない、多元的、有機的な国家構造を保存し、なかば無政府主義的な個人主義から独裁的な全体主義へ急激に移行していくのを避けることができました。しかし、全体主義的なロシア、イタリア、ドイツなどによってとられている道をいみきらっている西洋の社会は、もしも、彼らの社会のなかで非キリスト教化の過程がつづいていくならば、彼らもまた、不可避的に同じ道を歩むようになるということをいまだ把握していないように思われます。

第三の点も――つまり、精神と自然の関係も――これらのことを明らかにするためにいぜん、考慮されるべきでしょう。キリスト教信仰においては人間は精神と身体の統一としてみられており、神はただ人間の精神の創造主であるだけではなく、彼の身体の創造主でもあるのです。それゆえ、身体的な生活も神の目から見ればそれ自体尊厳であり、人は聖なる奉仕と同じく身体的な必要に奉仕するようにも召されているのです。身体は《聖霊の宮》（第一コリント三の16、六の19）なのです。キリスト教の聖晩餐という礼典《サクラメント》（最後の晩餐の出来事にもとづき、イエスの身体を意味するパンと、その犠牲の血を意味するブドウ酒にあずかる教会の儀式）においては、物質的なパンと精神的な食事との分かちえない結びつきが表現されています。主の祈りの半ばのところには日常の糧《かて》についての祈願があります（「われらの日用の糧《かて》を今日もあたえ給え」）。これらはすべて相はたらいて、一方的な精神化を不可能にします。人は自分の身体や身体的な必要を恥じることはないのです。

他方、理想主義的な人道主義者にとっては人間の身体的な成り立ちは――これを動物的な部分とよぶのですが――人間存在の《恥ずべき部分》（partie honteuse）であり、その尊厳は全面的に、神的な部分である精神にもとづいているのです。道徳悪は身体の動物的な衝動に由来するのです。心が真に精神的な概念を形づくるのを妨げるのは、実に感覚的な印象や認識なのです。人道主義的な価値体系のすべては、この動物的な性質と神的な精神との対照もしくは対立にもとづいています。したがって、人道主義的な文化の指導理念は、身体からの精神の解放ということなのです[1]。このような人道主義が人間生活の経済的な条件にたいして興味をもちえないことは明らかです。人間とは食べなくてはならない、空腹感をもっている存在だ、などということは高尚な文化の外側の主題なのです。精神的な人道主義者に身体の神聖さを思い起こさせるような、聖晩餐も日用の糧《かて》への祈りも、ここにはないのです。

（1） 身体的な食欲や本能を《低次》なものとする否定的な評価はキリスト教に由来するのではなく、プラトン的なものに由来することが記憶されるべきである。

その結果、唯物的集産主義、全体主義国家

そのように高められた精神性は、けっして普通の人の精神的な住家でありえませんでした。経済的な要素が——産業革命によって——彼の生活の支配的な特色となったとき、このような精神性はいっそう平均的な人間の精神のよりどころとはなりえなくなってきたのです。十九世紀の半ばには、このような貴族的精神主義は不可能なものとなりました。この精神性への反発は避けえないものでした。そうして、それは実際に、カール・マルクスの史的唯物論がやったように、第一義的には経済的な要素を人間の歴史の本質そのものとすることによって、それを人間生活全体のただなかにおく教えの形をとってやってきました。この変化ほど劇的なものはありえませんでした。精神をただ一つの実在と宣言した哲学者の弟子マルクスは、理念や精神的な価値は《上部構造》(Ueberbau)、経済的な成行きの付録もしくは反映にすぎないという理論の創設者になったのです。しかし、そのような急激な《方向転換》(volte-face)をやってのけたのは、なにもマルクスだけではありません。孤独な思想家であり、詩人であったフリートリヒ・ニーチェもまたそうでした。彼は最も品位のある人道主義と学問の伝統からでてきた人物でしたが、しかも、彼は予言者的な熱情をこめて、精神的なものにたいする本能の優位性、新しい倫理的原理としての権力への意志を意味する、いっさいの価値の転換論をといたのです。徹底して貴族的、個人主義的だった彼も、自分の

教えが大衆運動のプログラムになるのを防ぎえませんでした。その運動は規模と熱情において、カール・マルクスがうみだしたものしか、それと比肩しうるものはないほどのものでした。このプログラムを自分のものとした大衆が、本能が形而上学や宗教の束縛から解放されるというニーチェの予言を文字どおりうけとり、彼の権力意志論をいわれたとおりに、つまり、それが強い者は弱い者の犠牲によって生きのびるのだというダーウィンの生存競争の原理を実際に応用したものと理解したことは、驚くべきことだったでしょうか。

マルクスとニーチェ(1)は全体主義革命と全体主義国家の父祖です。極端な集産主義と極端な個人主義とが一つの流れとなっていることは逆説にみちたことにも思われます。しかしよく見れば、この事実は逆説的でもなんでもありません。これらの体系の公分母は、人間の完全な非人格化なのです。あなたがたが人間を、第一義的に空腹感をもった動物として理解しようと、あるいはまた群生動物と群を脅かす孤独な肉食動物という二つの種類によって理解しようと、同じ結果に立ちいたるのです。すなわち、人間をすべて自然現象というレベルのうえにおくことによって、人間の人格、人間的尊厳、あらゆる人権といったものを除去してしまうことになるのです。マルクス主義的なものであれ、合理主義的なものであれ、あるいはニーチェ流のローマン主義的な型のものであれ、必然的に非人格化を意味するのです。一方では共産主義的な全体主義において、他方では国家社会主義《ナチス》的な全体主義において、カール・マルクスやフリートリヒ・ニーチェのまいた種子は芽をだして大きくなり、本質においては一つである、これらの怪物において、キリスト教からの解放運動は目標に到達したのです。どちらの場合でも、その目標は真に人間的なものの絶滅、人道主義の終結なのです。

(1) 彼自身がニーチェのものを多く読んだとはとうてい思えないにもかかわらず、ヒトラーが友人ムッソリニへの贈物としてニーチェの著作を選んだことは偶然ではなかった。しかし、ニーチェの《権力への意志》(Wille zur Macht) が有力なものとなったのは、それを仲介して解釈した次のような人びとのおかげである。ボイムラー『ニーチェ、哲学者、そうして、政治家』、シュペングラー『西洋の人間と技術の没落、政治的文書、決断の年』——これは十万部以上うれた書物である。

この展開のなかでの、キリスト教の罪責

私たちは、もう一つのことをさらに観察することなしに、この概観を終えるべきではありません。あの解放運動全体はいったいどうして起こったのでしょうか。それは人間が自分の頭を自分の主として高くあげたままにしたかったので、神の啓示のまえにその頭を下げることを望まなかったということに《まったく》よるのでしょうか。キリスト教からはなれていく近代の運動は、排他的に自律的な理性への欲求にだけ原因があるのでしょうか。その原因はまた私たちが経験するキリスト教によるこのキリスト教的な啓示の示しかたのうちにも見いだされるべきではないでしょうか。言葉をかえていえば、キリスト教会はこの悲劇的な歴史の責任の重荷の一部を自分の肩にになうべきではないでしょうか。もしも、私たちがちょうどお話ししてきた第三の点について——つまり、身体と精神、パンと神の意志とのあやまった分離について——考えてみると、私たちが経験するキリスト教が自分みずからの真理にたいして真実でなかったという事実を無視することはできません。ほとんどどの世紀のキリスト者でもみな、精神的な糧《かて》のために日用の糧《かて》を無視した一方的なあやまった精神主義や、あやまった修道院的、ピューリタン的な〔つまり、禁欲的な〕身体の軽視によって有罪だったのであり、その衝撃が、不当にとりあつかわれた人間性の反逆をよびおこしたのです。

他の二つの点についても同じようなことがいわれうるのです。もしも、近代というものがあやまった世俗主義もしくはこの世主義によって特色づけられるとすれば、伝統的なキリスト教は、たしかに永遠の生命への関心によって、この地上の生活の課題を忘れてしまった、あやまったあの世主義であるという陪審員の評決をうけなくてはなりません。そうして、最後に、真に人格的なものと真に共同体的なものの統一がその本来的な真理においてうけとめられたキリスト教の啓示においてもとづけられているということは本当であるとはいうものの、私たちが経験するキリストは広範に、この統一を実際に証明することに失敗したのです。一方では、それは権威主義的・似而非《えせ》神聖的な集産主義、権力と精神的奴隷の教会をうみだしましたし、他方では、正統主義的な信仰の誤解、つまり、愛と一致せずに道徳的に不毛であり、それゆえに、愛の福音のなにごとかを把握した人びとにたいして反抗的にならざるをえなかった、一種の信仰をうみだしました。このようなキリスト教の欠陥が、人道主義的な解放運動の主要な推進力のなかにあったということは、実証されうる事実なのです。そこで、近代において特徴的であった非キリスト教化は、広範囲にわたって、キリスト者が彼ら自身の信仰に忠実でなかったところからうみだされたものなのです。(1)

(1) ディルタイ『十七世紀における精神科学の自然体系』前掲書、九〇ページ以下参照。

純粋に理解されたキリスト教信仰それ自体は、真の人道主義のただ一つの確実な基盤であり、くめどもつきない源泉なのです。しかし、それは《最良のものの堕落は最悪である》(corruptio optimi pessima)という原則の例外ではありません。私たちが経験するキリスト教の歴史は不幸なことには、最も真実で、最も純粋で、最も崇高な人間性の証言であるだけではなく、多くの場合、信じられないような非人間性の哀しい光景を提供しているのです。それゆえ、イエス・キリストの福音はただたんに世俗化した神なきものへの審《さば》きであるだけではなく、十字架につけられた方《かた》を信ずるということは喜んで犠牲になることであり、信仰の究極の基準は隣人への忠実な奉仕なのであるということをあまりにもしばしば忘れた教会と信心ぶかきやからの無神性への審《さば》きでもあるのです。

しかし、いまのべたこれらすべてのことが、私たちの経験するキリスト教について全体としていえば本当にあてはまるのですが、それはキリスト教の福音そのものには無関係なのです。これらすべての欠陥はキリストにおける神の啓示への誤解と、キリスト教会が真にキリスト教的になるのに失敗したせいなのです。それは神の愛の福音が個人の人格の尊厳、本質的で偶然的でない共同体、そうして人類の統一などといったものを保護する真の人道主義の、唯一の堅固な基礎であるということが誤りであることを、少しも論証するものではありません。

八　正義の問題

歴史的な遺産としての正義の理念

以前のどのような時代にもまさって、現代ほど正義について多くの議論がなされ、それが熱烈に要求されている時代はないとともに、まさしく、この正義のための要求がひき起こしている運動そのものが、他のどのような運動にもまさって正義よりも遠くはなれているように思われるということは、現代史における逆説の一つです。一見、明らかに合理的で無時間的な要素であるようでありながら、正義という理念はそれにもかかわらず、歴史的であり、変わりやすいものであるのです。この分野においても、他の大部分の分野と同じように、獲得したり、また再び失ったりする歴史的な遺産というものがあります。どのような人間存在にも正義の感覚もしくは感情があるということは疑いえないことです。自分の権利が他人によって犯されるようなところでは、正義感はこのうえもなくはっきりと自発的な仕方でみずからを表わします。しかし、この感情を燃えたたせる内容、つまり、なにが正義であり、なにが不正であるのかという具体的な概念は、異なった時代と異なった文明において相違しているのです。

（1）　本講は私の書物『正義』（一九四三、英訳『正義と社会秩序』一九四五）の要約である。

私たちは、まず、正義と宗教的もしくは形而上学的な理念との関係を指摘しなくてはなりません。歴史のはじめにおいて、正義の問題が尖鋭になった機会というのは、裁判官の判決というまったく世俗的なものでしたが、しかしそれでもこの判決は聖なる問題であるという考えもしくは感じは、どこにでもありました。あらゆる古代文明において、裁判官は神の庇護のもとにたち、神の指令の権威のもとに行動する聖なる人格であるということは明らかなのです。裁判所の前面が市民的、世俗的な組織であるのにたいして、その背景は多かれ少なかれ象徴的、可視的に神的なものなのです。裁判官の行為がそれを引合いにだすような神の秩序があるのです。市民的な秩序はともかくもこの神の秩序を模写し、人間の判決は神の意志に対応していなくてはなりません。この関係は、裁判官の判決がただたんに成文法の適用ではなくて、自由な発見であるようなところでは、とくに明らかになります。この場合、正しい判決への要求は、そこでは正義があるとされている、人間を超えた秩序とのあの関係が直接に意味されているのです。この超越の声に耳を傾け、その暗示にしたがうということが、裁判官の判決の客観性とか正義ということによって意味されていることそのものなのです。

ギリシア・ローマ的、キリスト教的な《自然法《レックス・ナトゥライ》》の概念

何世紀にもわたって西洋世界を支配してきた正義観には、そのような形而上学的・宗教的な関係がふくまれていました。それが《自然法》（jus naturale あるいは lex naturae）の概念であって、この概念においてキリスト教的な遺産とギリシア的な遺産という、私たちの文化の二つの主流は、例外的な力をもつ綜合性において結びつけられたのです。二千年以上ものあいだ、この《自然法》（レックス・ナトゥライあるいはユース・ナトゥラーレ）の概念はヨーロッパ的な正義の理解の基本概念でしたし、ヨーロッパ文明

の一つの柱でした。それはソクラテス以前のギリシアに由来します。アテネの立法者であったソロン〔前六四〇頃―五六〇頃〕は、それが合法的な活動の規範であると断言しました。彼にとっても、彼の継承者にとっても、ローマのストア哲学者によって《自然法《レックス・ナトゥライ》》(lex naturae)と訳された《自然そのままで正しいもの《フュセイ・ディカイオン》》(*φύσει δίκαιον*)という概念は、《神の》正義という概念と密接、不可分に結びついていました。《自然そのままで正しいもの《フュセイ・ディカイオン》》は、あらゆる人間の勝手気ままや、たんなる御都合主義と正反対のものです。《自然そのままで正しいもの《フュセイ・ディカイオン》》、《自然法《レックス・ナトゥライ》》は、深い宗教的な感情にうったえるような内容をもち、厳格な客観性をもっているのだという倫理的な要求はそこから由来するものなのです。正義とはなにか神聖なものであり、神的な秩序、神的な必然性によって裏うちされているものなのです。

初期のキリスト教思想家たちが、古代文明におけるこの中心概念をキリスト教の思想体系のなかに組みこむことができたのは、まさに《自然法《レックス・ナトゥライ》》がもっているこの宗教的な基盤のためだったのです。ギリシア人が《自然》とよんだもの、彼らにとって神の秩序と自然の秩序の統一であったものは、キリスト教の用語で創造主の秩序もしくは創造の秩序として解放されなくてはなりませんでした。神は世界を創造し、すべてのものにそれらの秩序をあたえ、それによってそれらの法をあたえたのです。創造主は、それらがそのように存在することをのぞんだのであり、それ以外の存在の仕方をすることをのぞまなかったのです。この神的な創造の秩序、あるいは《自然法《レックス・ナトゥライ》》が、真にキリスト教的な神観、人間観、世界観のなかでは承認されることのできない自然神学の一つの形ではないかと疑われるようになったのは、ここ二十年か三十年のことにすぎません。しかし、《自然法《レックス・ナトゥライ》》もしくは創造の秩序の概念が、自然神学の問題に偏見をあたえるようなことはなにもありません。教父たちは《自然法《レックス・ナトゥライ》》について語ったとき、それにおいて全世界が創造され、そこにおいて創造がその秩序をもっているあのロゴス、イエス・キリストにおいて肉体をとったあのロゴスと関連させています。キリストにおいて受肉した神の子が、神的な創造の秩序、それゆえ、《自然法《レックス・ナトウライ》》の原理なのです。すなわち、キリスト教会はけっしてキリスト論的な自然法以外の《自然法《レックス・ナトウライ》》の概念をもったことはありませんでした。《自然法《レックス・ナトウライ》》はイエス・キリストにおいてみずからを啓示した自然の創造主に属するものとされていたのです。(1)

(1) じっさい、自然法の概念はすでにパウロによって受けいれられている。ローマ一の26以下、一の32、二の14以下、第一コリント一一の14。

しかし、これらの創造の秩序やそのなかで基礎づけられている正義の原理、道徳法といったものが、信仰をもたない、生まれつきの人間にもあながち未知のことではないかぎり、自然神学とある種の関係をもっていることは認められなくてはなりません。異教徒は創造主を知りませんが――あるいはキリストにおける神の啓示によって知りうるようには神を適切に知ってはいませんが――それでもなお神の秩序、神の法についてはなにかを知っているのです。キリスト教的な正義の深みは彼らに隠されているにもかかわらず、彼らが正義についてなにかを知っているのはそのような理由によってなのです。そこで、正義というのはキリスト教思想と非キリスト教思想とがそこで出会い、同じものになることなしに共通の基盤をもつ主題なのです。このような理由によってのみ、キリスト教的な市民によっても非キリスト教的な市民によっても判断されうるような市民的秩序、正義があり、キリスト教国によっても、非キリスト教国によっても同意されるような国際的な秩序がありうるのです。それゆえにこそ、初期の神学者たちはためらうことなくストア的な《自然法《レックス・ナトウライ》》の概念を受けいれて、それをキリスト教神学と法律用語のなかにくみいれることができたのです。しかし、彼らはそのさいにそれに新しい解釈をあたえないわけにはいきませんでした。彼らはそれを汎神論的な文脈のなかからとりだし、聖書的啓示の神学的な構造のなかにおいたのです。彼らは神の創造の書物〔自然のこと〕は歴史的な啓示〔イエス・キリストのこと〕の光においてのみ読みとることができるという原理を適用しました。私たちは、とくにキリスト教的な正義の解釈にはいるまえに、この理念の歴史を最後までたどっておきたいと思います。

グロティウス以来の、合理主義、個人主義、平等主義による、神的な正義の概念の進歩的解体

この歴史は、大ざっぱにいえば、前講で素描しようとした人道主義の歴史と並行しています。ヨーロッパ大陸の法律家のあいだで広まっているように、フーゴー・グロティウス〔一五八三―一六四五〕が自然法の創始者であるなどという見解は、ほとんど馬鹿げた誤解です。二千年間も支配的な概念であった自然法の衰退がフーゴー・グロティウスとともに始まったというのが本当の話なのです。なぜなら、自然法をはじめてその宗教的・形而上学的な基礎から引きはなそうとしたのがグロティウスだったからなのです。自然法は理性に根づいているので、それはたとい神がいなくても妥当性をもつというのが彼のはっきりとした主張でした。さて、グロティウスはたしかに偉大な学者でしたが、偉大な思想家ではありませんでした。もしそうでなかったならば、彼は自分のキリスト教的な神観と、この神から独立している啓示とか正義の概念とかといったものとのあいだにある矛盾に気がつかないはずはなかったからなのです。しかし、グロティウスはこの運動のまだ始まりのところにいただけです。その主要な傾向は正義の理念をその神学的・宗教的・形而上学的な文脈からまったく切り離すことでした。この運動の歴史は人道主義の歴史と同じような、正義の理念の非キリスト教的な宗教的基礎、その非宗教的な超越的基礎、純粋に自然主義的な基盤にもとづいた正義の理念の主張、そうして最後に、自己保全のための道具を形づくるたんなる架空の理念としての

正義の再解釈などといった時代の区切りとなる道標によって特色づけられます。正義の理念はそのようにして解体され、ついには権力への意志や経済的な動機の自律性を公言してはばからない倫理的なニヒリズムにたちいたるのです。「もし塩のききめがなくなったら、なにによってその味が取りもどされようか」〔マタイ五の13〕。もしも、正義の理念が因襲的な虚構にすぎないとすれば、それはその規範的な力をうしなったのです。そうであれば、そのような正義は権力への関心をごまかすものにほかならず、その終わりはこのようなものなのだということになりましょう。(1)

(1) 自然法にたいして最初に反対したのはカール・バルトではなくて、リッチュル〔一八二二―八九〕およびリッチュル学派であって、そこではカント的な不可知論にもとづいてこの概念への反対が基礎づけられた。さらにさかのぼって、法律学や神学において、自然法を《非歴史的》であるとしてそれに反対したのはローマン主義的な歴史主義であった。もしも、ヒトラーの国家にたいしてあのように勇敢にたたかったバルト主義者たちが、ドイツにおける政治思想史についてもう少し知っていさえすれば、自然法にたいするたたかいが、今日の国家が法律というように宣言するのにふさわしいものだと考えているものが、それによって批判されうるようないっさいの基準を廃止してしまう結果になったことに気がついたであろう。

だから、全体主義国家がこの正義の理念の展開のこういった結果から、実際的な帰結をひきだしたのも驚くべきことではないのです。《神の法《ユース・ディヴィヌム》》(jus divinum) が廃棄されたとき、国家が他のどのようなより高い権力によっても限定されないという意味での最高のものである場合、それがなんでもすきなことを法律だといって宣言することができるとき、制定法に優先し、その制定法がそのことをはっきりとのべていようといまいと妥当するような人間の権利がないときには、全体主義国家は、理念的には、その瞬間に存在しているのです。全体主義国家は実証主義的な法哲学の実際的な帰結なのです。実証主義的な法概念は正義の理念を、理念的に廃棄し、全体主義国家は《神の法《ユース・ディヴィヌム》》をもふくめ、人間の権利を廃棄することにより、実際的に、それをすててしまったのです。

しかし、全体主義の出現に驚き、衝撃をうけた西洋の世界は、私たちの近代史のこの最後の局面について文句をいったり、批判をしたりする正当な理由はほとんどありません。というのは、それは何世代にもわたってそれを用意するのを助けてきたからなのです。それは二重の仕方でそうしました。第一に、いまちょうど見ましたように、それは正義の概念をその宗教的な基盤からしだいに引き離していく過程によって、それは正義を社会と政治のたんなる因襲的な虚構にしてしまいました。この実証的な正義の概念は——この《神の法《ユース・デイヴィヌム》》(1)の否定は——たしかにあとで全体主義国家になった国々だけにしかない特殊なものではありません。フランスやスイスなどと同じように、イギリスも、この理念の致命的なヨーロッパ的な展開においてその役割を演じているのです。もしも、《神の法《ユース・デイヴィヌム》》がないならば、国家の主権には《限度》がなく、国家が《保護》すべき権利はなく、ただ国家が《あたえたり、とりあげたりする》権利しかないということが洞察されていませんでした。私たちの社会構造のなかに内在していた、キリスト教の伝統の宝が失われたのは、実証主義の時代に人びとが一般に盲目になっていたためです。全体主義国家への道の備えをしたのは、実はこの実証主義哲学なのです。またそのうえ実証主義哲学を行きつくところまでもっていったのは、全体主義国家なのです。これは一方において、私たちにまた実証主義哲学の本当の性質を示してくれると同時に、他方では、正義の理念が宗教的な意味をもっていることを示してくれるものなのです。

(1) この実証主義的な法概念は、《社会学的》な観察によってえられた事実にその法理論、政治理論を基礎づける政治学の代表者たちの大部分に流行している。実証主義的な進化論が、多かれ少なかれ不問の公理となった時代に社会学が学問として設立されたのははなはだ不幸なことである。正義の破壊に——まず理論において、その結果、実際に――大いに責任があるのは、この自然主義的な社会学の学派なのである。

最近の展開において責任のある第二の要因は、直接的なもの、というよりはむしろ間接的なものです。十七、十八世紀において仕上げられた、合理主義的な自然法の概念は――一般の法律家によって知られているほとんど唯一の自然法の形態はこれだと思われますが――正義と平等の一方的な同一視というものによって特色づけられます。それによれば、正義とは平等なのです。この平等の理念は、新しい政治・社会史において動的な要素でした。不平等にもとづけられていた封建的な社会構造である《旧制度》(ancien régime)が、その蝶つがいをはずしさられたのは、この平等の理念というテコによってだったのです。平等ということはフランス革命においては重大な言葉でした。ルソー〔一七一二―一七七八〕が社会にたいして革命的な批判をしはじめたのは『人類不平等起原論』〔一七五二〕においてでした。ルソーにつづく、近代の民主主義がきずかれたのは平等の理念のうえでした。平等は、新しい共産主義的・社会主義的運動、婦人の政治的解放、青年の社会的解放などの別名となっています。正義の名において平等を！　平等と正義とが同一視されたからこそ――はじめに申しましたように――私たちの時代に他のどの時代よりも正義について語られるようになったのです。正義ということで意味されていたのは、いつも平等だったのです。

さて、正義と平等とが密接な関係をもっており、それゆえ、平等を求める要求が、正義の理念と必然的に結びついている、深く倫理的で宗教的な正当性の主張に、高度にかかわりをもっているということは否定すべくもありません。しかし、他方、正義と平等のこの一方的な同一視は、個人主義的な社会観にまで立ちいたらざるをえません。それは、今度は、究極的にはすべての共同体の解体という結果にならざるをえません。もしも、人間が本質的に平等であるとすれば、人間は本質的にお互いに独立であり、だれもが自分自身のなかに本質的な存在の要素をもっているのです。そこで、個人が手をつないで集まるということとは、個人が担うためにはあまりにも広大であり、重大である、ある種の課題を果たすために生じてくることにすぎないという考えがそこにはあることになります。平等主義的な人間観は、共同体のかわりに連合体をおきかえました。しかし、連合体は、共同の目的のために集まるという算術的な形態にすぎません。ルソーはまさしく共同体をそのように理解したのです。(1)彼にとっては共同体は、特定の目的のために平等な個人が何人か連合することなのです。それはけっして人間性の表現ではなく、個人の弱さから帰結されるものであり、それゆえ、なにかしら外がわからやってくるものなのです。私たちは、この考え方の基礎に、内にこもっている、個人的、自己充足的な人間観を見いだすのです。ロビンソン・クルーソーという孤島でひとりだけで生活しながら、しかも、真に人間的な実存でありえた人物が、この時代の偉大な小説の英雄であったということは、けっして偶然の一致ではありません。ここには本質的な平等から必然的にあらわれでてきた個人主義の原理があるのです。この時代になって、あらゆる種類の人間の共同体は個人という観点から、それゆえ、まったく自分の支配の下におくことのできるものとして理解されはじめてきたのです。

(1) ルソー『人類不平等起原論』全集I・二八二、『社会契約論』六五ページ。ブルンナー『正義と社会秩序』四二ページに引用がなされている。

『社会契約論』、家族、経済生活、政治秩序にたいするその影響

個人主義を――この用語によって個人の本質的な自己充足性を意味しているのですが――ともなう平等の理念が、私たちが前講で語った共同体の生活を衰退させる最も深い原因だというのは、こういう理由に

よるのです。平等の理念は、それ自体だけをとりあげた場合、原始的な人間の集団性にもとづくあらゆる本質的な交わりを解体してしまいます。共同体的な構造が占めていた位置は、非有機的な連合体によっておかされています。いまや無数の連合体ができてくるという意味においてだけではなく、あらゆる種類の交わりが連合体という観点から理解されるようになるという意味で、連合体の時代が始まったのです。これは結婚の場合でも、家族や仕事場や、国家の場合でもそうなのです。その指導理念はルソーの《社会契約》(contrat social)ということなのです。《成長して》きたすべての共同生活、非合理な地盤のうえに根をおろしているすべての交わりの形態は——すくなくとも思想的には——《つくられ》、そうして契約という用語で理解された連合体によってとってかわられたのです。さて、ルソーはすでにこの《社会契約》によって形成される国家が、《永久革命》(révolution permanente)の条件において必要であるとみています。ただの連合であるような単位は、どのようなときにも解散することができます。フランス共和国ほどルソーの考えが正しいということを明らかに実証した国家はほかにはまずないでしょう。これは第一義的に彼の考えの結果であり、彼はそのなかに自分の政治理念を組み入れたのです。それは徹底して合理的な国家であり、この合理化の主要な要素が平等の理念であり、連合と契約の理念なのです。議会と政府の慢性的な危機は、その最も顕著なあらわれです。正義の概念における平等の一方的な強調は、革命的であり、究極的には無政府的であるということが証明されているのです。

　経済の分野でも同じことがいえます。平等の理念はここではもっと具体的に平等な経済的な機会という形をとります。最初、それは自由貿易、経済力を自由に行使することへの無干渉という要求になります。それが妨げられない自由な経済——《自由放任》(laissez faire)の原理なのです。国家の封建的な構造が破壊されるのと時を同じくして、経済生活の職人組合《ギルド》組織や非合理的な経済組織をともなった家父長的な伝統がこわされていきました。それらは完全な競争経済によってとってかわられ、それは必然的に《すべてのものにたいするすべてのものの戦い》(bellum omnium contra omnes)、生存競争と適者生存の不断の適用を意味せざるをえないようになりました。この文脈で適者というのは最も狡猾でしぶといものという意味です。理論的にはリカード〔一七七二―一八二三〕の《マンチェスター学派》の体系において仕上げられ、実際的には《初期資本主義》の特徴において適用されているのは、そのような新しい経済学なのです。この平等の原理と《社会契約》の個人主義的理念は、もっと直接的に、大胆な表現をとれば、おそらくはもっと破壊的に結婚の領域で作用しています。結婚もまたいまや《社会契約》、自由意志にもとづいた、特定の目的のなかに基礎をもつ連合と考えられているのですから、それは他のあらゆる連合体と同じように合意によって成り立ち、合意によって解消することもできるのです。それゆえ、平等主義的な共同体概念からでてくる、個人主義的結婚観は、ここではまた《永久革命》を意味するのです。これは私たちが結婚の危機とよんでいる、周知の、よく論ぜられている現代の現象にほかなりません。離婚のおびただしい増加の真の原因は、性的な衝動や放縦でも、一般の道徳的な崩壊でもなく、結婚に適用されたこの《社会契約》の概念なのです。契約連合の理念にまで私たちを導いていく、平等の一方的な強調は、この分野でも他の分野と同様に、徹底的な解体要因であることを実証しました。

しかし、昔の逆説である《両極端は互いに一致する》(les extrêmes se touchent) ということがここでは真実となります。平等主義的民主主義と《永久革命》の父であるルソーは、全体主義国家の創設者のひとりでもあるのです。実際問題として、民主国家をつくる市民は《個人の権利の全面的な譲渡》(aliénation totale des droits individuels) によってそうするのであるという原理をつくることによって、ルソーは全体主義国家に最も尖鋭な表現をあたえたのです(ルソー『社会契約論』第一巻第一六章)。民主国家は全体主義国家という用語で理解されています――ところで、これは全体主義が独裁制と同一のものではないというもう一つの証拠なのです。全体主義国家とは《個人の権利の全面的な譲渡》の力によって存在する国家なのです。ヒトラーの国家が大衆の投票と議会の決定によってつくり出されたように、ルソーのも同じなのです。しかし、それはひとたび大衆の投票によってつくり出されると、それは至高の、全体的で、無責任な国家になってしまうのです。この《全面的な譲渡》の理念によって《人民の主権》という原理は、一度、民主的につくられると全能なものになってしまうという《国家の主権》に変わってしまうのです。人民は民主的に憲法制定議会を選ぶことがゆるされています。しかし、この正当に選挙されたグループは、実際には民主主義を廃止する憲法を制定することもできるのです。あるいは、人民はひるがえって自分を永続的なものとして宣言し、全体主義国家を組織するような政府を選ぶこともできます。平等の原理は極端に反対のほうに、つまり、全体主義国家へと立ちいたるかもしれないのです。

双生児の兄弟、資本主義と共産主義

これは平等から全体主義にいたる一つの道、つまり、形式的、政治的な道です。もう一つのものは経済的なものです。平等の理念はただ平等な機会という形式的な意味、つまり、究極的な経済的自由という意味だけではなく、経済生産もしくは財産に実際に平等にあずかるという内容的な意味でも理解されうるのです。フランス革命をひきおこして、近代民主主義をうみだした平等の理念は、また現代の共産主義の源泉でもあるのです。それはプルドン〔一八〇九―一八六五〕やマルクスやレーニンの概念の根源にあるものなのです。

これは一見そうみえるほどには逆説にみちたものではありません。もしも私たちがマルクスを共産主義体系の成立へと導いていった思想の筋をたどっていくなら、この二つ——極端な無政府的な自由主義と共産主義——のつながりは明白です。マルクスは、人間は人間を他の人間に依存的なものとする労働の分配によって、その独立性を失ってしまったという考えから出発しています。[1] しかし、労働の分配は資本主義制度をうみだしたのです。それゆえ、私たちは人間にその本来的な自由をもどすために、私たちは資本主義や、それとともに労働の分配を逆転させなくてはならないのです。マルクスが彼の共産主義を一種の国家組織の形として理解したのではなく、階級なき社会における国家の廃止、あるいはむしろその消滅として理解したということは周知の事実です。彼は階級制度の廃止——彼にとっては、それは資本主義の廃止と同じことだったのですが——は国家というものを不必要なものにするのであり、それゆえ、自動的に国家の消滅にまで導いていくのだと信じました。彼の理想は、私たちが次でみますように、絶対自由の哲学にもとづいて徹底的に個人主義でした。しかし、この個人主義から、彼はその個人的な自由への手段としてその共産主義を展開したのです。

（1）ハンス・バルト『真理とイデオロギー』参照。「カール・マルクスの哲学におけるイデオロギーとイデオロギー的な意識」という章においては、マルクスの著作からのこのうえもなく慎重な考証をともなって、マルクス的な教説の哲学的前提が展開されている。

彼の期待は不幸にも具体化されませんでした。最初の成功をおさめたマルクス主義革命は、最初の全体主義国家、すなわち、ソビエト・ロシアの創設にいたりました。それは全体主義的な原理をことごとく具現化した最初の国家であるというだけではなく、また、最も首尾一貫した国家なのです。それはマルクス自身の理想が夢みたのとはまったく反対に、共産主義国だけが完全に全体主義的でありうるのであり、すべての非共産主義的な全体主義国は、ヒトラーのそれをもふくめて、生かじりの、素人くさい全体主義だというのが事の実状なのです。このようにして、私たちが出発した謎は解けました。正義の理念を興味の中心にすえたその同じ時代が、あらゆる正義を完全に否定する、全体主義国家という社会制度をうみだしたのです。この謎を解く糸口は二重のものです。一方では正義の理念が宗教的基盤から分離していったということであり、他方では正義と平等が同一視されたということなのです。

愛に従属するキリスト教的な正義の理念

しかし、この世俗主義と平等主義という二つの要素はどうやって互いに関係するのでしょうか。この問いに答えることを試みながら、私たちは再びキリスト教的な正義の理念に立ちもどり、今度はそれを内容という観点から見てみることにしたいと思います。私たちは、教会がギリシア・ローマ的な自然法（レックス・ナトゥライ、ユース・ナトゥラーレ）の理念を受けいれて、自分自身の思想のなかに組み入れたことを見てきました。それは自然を神の創造、自然法を神の創造の秩序と同一視することによってそうしたのです。いまやこの組み入れはまた変化をも意味しました。教父たちの時代から、中世、宗教改革や正統主義の時代を通して、《ユース・ナトゥラーレ》あるいは《レックス・ナトゥライ》という名前のもとによばれ、考えられてきたことは、プラトン、アリストテレス、ストア派の人びとがこれらの用語で理解してきたこととは同じではありませんでした。第一の相違は基盤そのものに関連しています。ギリシア・ローマ的な《自然法《レックス・ナトゥライ》》の概念は、もちろん、汎神論的です。自然は神であり、神は自然であるのです。それゆえ、自然法は神の法であり、神の法は自然法なのです。この汎神論的な等置は、もちろん、キリスト教思想において解体されました。自然の理念は二つの部分に分けられたといってよいでしょう。創造主である神と神があたえた秩序をもっている神の創造の二つなのです。これは神は創造の秩序のうえにいるということなのです。それゆえ、この創造の秩序のなかに内在する正義は、最高究極の原理ではなく、最高究極の原理は愛なのです。神は自分みずからにおいて愛であり、神は自分みずからにおいて正義であるのではないからなのです(1)。愛は神自身の本質です。しかし、正義は神の創造した世界の秩序との関連している神の意志なのです。キリスト教思想において正義の理念がいつも二番目の位置を占めてけっして一番目の位置を占めない理由はここにあります。正義には予備的な要素があるのです。福音が律法よりも高いものであるように、愛は正義よりも高いものであるのです。

（1） ブルンナー『キリスト教神論』〔教義学第一巻〕第一五章参照。

これは正義と律法とが二つの独立した原理であるということではありません。そのような二元論はキリスト教思想の支持するところではありません。むしろ、正義は愛の顕現なのです。正義とは愛が秩序に適用されたものであり、秩序、組織、制度のうちで実現されうる愛のことなのです。すべての秩序の起原、それゆえまた、正義の起原は創造の起原そのものとも同じで、それは神の愛なのです。キリスト者にとって正義とその秩序に奉仕することが、いつも愛から奉仕することなのだという理由はここにあります。キリスト教的な動機は、たといその行動規則が正義でなくてはならないとしても、愛のほかのなにものでもありえないのです。正義は愛に由来するものですが、それでも、それは愛そのものではなくて、愛とはちがうのです。起原が一つであるということは内容の区別をとり去ってしまうことではありません。ちょうど内容の区別が、起原が一つだということをとり去ってしまうことがないように。

キリスト者は、それが神の秩序の原理であるので、正義に奉仕しなくてはならない、ということを知っています。彼はまた同時に正義の奉仕が究極的なものではなく、正義を尊重することは動機としてけっして十分なものではないということを知っています。この究極、十分な場所は愛のために保留しておかなくてはならないのです。このような区別をすることによって、すでに古代的な正義観とキリスト教的な正義観とのあいだに、はかりしれない相違が確立されるのです。なぜなら、前者にとって正義は最高・無条件な理想であり、正義の秩序のためにつくす奉仕は人生の最高の課題なのです。彼は世界の正しい秩序という理念にまさる、それを超えるなにかがあるなどということを理解することはできません。彼の神は世界秩序のうえにはいませんから、その倫理も、倫理的《秩序》、つまり、正義の原理をこえることはできないのです。彼は愛の神を知りませんから、正義にまさる愛があることをも知らないのです。しかし、キリスト者は地上の存在そのもののうちにあって立つのと同じような仕方で、これらの正義の秩序と関係をもちます。つまり、よりよい国、すなわち天にある国、「それをもくろみ、また建てたのは、神である」（ヘブル一一の10）ような都を待ち望むものとして正義との関係をもつのです。キリスト者は正義の要求をこえていつも愛の要求があることを知っています——彼が自分の隣人をただ正義の秩序の一員としてとりあつかうだけではなく、また、とりわけ、兄弟として、人格として、神からよびかけられている人間としてとりあつかうということは、どのような正義の秩序にもまさるものなのです。それゆえ、彼は正義をこえる愛はけっして一つの秩序のなかにあてはめることはできないのであり、秩序とか法によってはけっして表現されえないものであって、人格関係によってしか表現されえないことを知っているにもかかわらず、正義の秩序のなかに、正義以上の要素をもちこもうと試み——そうしてけっしてその試みを中止することはないでしょう。

それは平等と相違とを結びつけ、それによって有機的な統一をもたらす

第二の相違は、正義の理念の内容に関しています。つまり、平等の理念との関係なのです。キリスト教正義観においてもまた平等はこのうえもない重要性をもっています。すべての人間は、神の像にかたどって平等につくられています。彼らはみな神からあたえられた人格の本来的な尊厳にあずかります。人間はみな、神の創造であるこの人間の尊厳にもとづいて、同じ、本質的な権利をもっています。キリスト教の正義についての教理は、神のまえにおけるこの平等や、神からつくられた本来的な権利を確認することにおいて、ストア的なものに近くなります。しかし、同時にすくなからず重大な両者の違いもあります。ストア的なものとはちがって、キリスト教的な権利の理念は、排他的に人間にたいしてだけいわれるのであって、けっして神にむかっていわれるものではないのです。人間は神の被造者であり、神の所有なのであって、神にたいしてなんらの権利をもってはいません。人間はまったく神の恵みと憐れみによって生きているのです。神が彼にあたえるかぎりにおいてのみ権利はあるのです。それゆえ、人間の権利も、正義の領域全体にたいして適用されるのと同じ保留のもとにおかれるのです。それらはいつも愛の無条件な命令によって制約をうけるのです。キリスト教的な文脈においては、ローマ的な《世界はすぎ去ろうとも、正義をしておこなわしめよ》(fiat justitia pereat mundus) という考えはなりたたないのです。

しかし、とりわけ、キリスト教正義観は、それが平等とならんで、不平等とか相違などの要素にもしかるべき位置をあたえているという点において古代のギリシア・ローマ的なものとちがうのです。神はすべての人間をひとしく神の像につくったのですが、しかし、神は人間を同様なものとしてつくったのではあ

りません。反対です。神はひとりひとりを他のすべてのものとはちがって、自分の個性をもったものとしてつくったのです。これは聖書の人間学の人格主義と一致します。人間の人格は、神の人格的なよびかけにもとづいています。それはだれしも創造という独自な行為によってつくられたのであって、それゆえ、一般的な型にしたがってつくられたのではなく、独自な人格としてつくられたということを意味するのです。哲学者たちが《個体の原理は物質である》(principium individuationis est materia) というのにたいして、聖書は《個体の原理は創造主なる神の意志である》(principium individuationis est voluntas dei creatoris) というのです。人間存在のあいだの相違は、不適切で偶然で取るにたらないものではなく、人格の尊厳の平等と同様、神の意志であり、創造なのです。

しかし、この平等と相違ということは同じ水準にあるものではありません。キリスト・イエスにおいてはすべての相違、それゆえ、あらゆる個人性は不適切になるのです。「もはや、ユダヤ人もギリシア人もなく、奴隷も自由人もなく、男も女もない。あなたがたはみな、キリスト・イエスにあって一つだからである」(ガラテヤ三の28)。これが終末論的な、それゆえ、最終的な観点なのです。このような相違が認められ、真剣にとりあつかわれなくてはならないのは、この地上的で暫定的な存在においてなのです。正義という暫定的な原理が妥当するのはここにおいてなのです。正義が愛に道をゆずり、律法が廃止せられ、あらゆる地上の条件や限界がもう存在しなくなるような時がくるでしょう。そのときには個人的な違いはなんらの役割をも演じません。しかし、そのときまでは、この地上的な実存にたいする神の意志として認められなくてはなりません。神は各人に彼自身の《顔》をあたえました。正義の理念のなかにどうして相違がはいってくるのかという理由はそこにあるのです。

もちろん、人間の相違は古代の哲学者たちによって知られていなかったわけではありませんが、彼らはそこから、聖書の思想という観点からは拒否されなくてはならない結論をひきだしたのです。彼らは二つの結論のうちの一つをひきだしました。プラトンやアリストテレスによって代表される、古代ギリシアの哲学においては、人間の相違は、異なった主張の基礎でした。相違は主として理性への異なった参与として理解されました。ギリシア人は野蛮人よりも、男子は婦人よりも、もっと理性をもっており、奴隷には理性はまったくないのです。彼らはそれにしたがってとりあつかわれなくてはなりません。つまり、人間の相違は彼らの尊厳と権利の平等性を制限するのです。後期のストア哲学者は別の見方をしました。彼らの人間観は平等と平等な尊厳性という理念によって支配されていたために、相違などにはまったく関心を示さないほどでした。それは彼らにはなにか不適切で偶然で、まともに取り上げる価値などないもののように思われたのです。つまり、平等の原理が相違を侵入しているわけです。古代の見解とはちょうど正反対なのです。

しかし、キリスト教思想においては、平等と相違という二つの要素はお互いに競合するものでも、制約し合うものでもありません。なぜなら、彼らはちがった平面のうえにあるからなのです。人間は神との関係において平等であり、それゆえ、その尊厳において平等なのです。彼らはその個人性において相違しており、それゆえ、被造世界における彼らの機能において相違するのです。ちょうど、男であろうと女であろうと、子供であろうと大人であろうと、黒人であろうと白人であろうと、強かろうと弱かろうと、知性的であろうと愚鈍であろうと、一つで同じ定めがあるように、すべての人に一つで同じ尊厳があるのです。彼らの究極の定めが同じである以上、彼らの個人的な定めも同じでないはずはありません。しかし、同時に個人の相違は無視されるべきではありません。神が創造したものは不適切であったり、無視されてよかったりするはずはないのです。個人の違いは社会における機能の相違をふくんでいます。

最後に、二つの要素――平等と相違、平等な尊厳と異なった機能は、交わりについてのキリスト教的な理念において十分な表現をもつ仕方において結び合わされるのです。人間は他の人とはちがっているので、また、互いに依存しているのです。人間は完全な人間になるために婦人を必要とし、婦人は完全な女性になるために男性を必要とするのです。この相違は相互完成と相互協力を指摘します。個人は身体の四肢のようにちがっていますし、各人は個性にあった自分の機能をもちながら相違しているのです。機能の相違は、またもや個人性の相違にもとづいて、なんらかのそれに仕える段階的秩序をうみださないわけにはいきません。人はその顔ごしらえ《メークアップ》にしたがって、あるものは従属的な立場に適し、他のものはもっと高い地位に適するのであり、より外向的なものに適する者も、より内向的な機能にむく者もいます。このようにして、結婚や家庭における婦人の機能は、男性のものとはまったくちがっており、子供の機能は両親の機能とまったくちがっているのです。この種類、機能の違い、相違がまさしく共同体としての家庭の統一なのです。この相違はけっして平等の尊厳を犯すことはありませんから、そういうことがいえるわけです。機能的な従属性は尊厳や人格がおとるなどということとはまったく無関係です。社会は相違した個人の共同体であると考えられます。個人はそこでは相互完成の必要性によって互いに結ばれ、平等の尊厳をお互いに尊重することによって統一されるのです。私たちはこの理念を社会の有機的な概念とよんでもよいでしょう。しかし、私たちはそうすることによって、ある種のローマン主義の哲学のなかに見いだされる有機的な一致という概念からそれを明瞭に区別しなくてはなりません。なぜかといえば、このローマン主義的な有機体理論には、キリスト教的な社会理解にとって決定的な、人格的尊厳の平等という要素が欠けているからなのです。ローマン主義思想においては人格は、《綜合人格》(Gesamtpersönlichkeit)という一種の神秘的な原理によって、社会全体に従属させられるのです。ローマン主義的な概念は人間の人格からその究極性をうばいとる、全体主義的・集産主義的な概念なのです。

キリスト教の創造観におけるその基礎

そこで、いたるところでお互いに衝突をくり返している平等と相違という二つの原理的な要素を結びつけたことは、キリスト教の社会観、正義観の独自性です。キリスト教正義観に、他のなにものももっていない、弁証法的な鋭さをあたえるのは、この超越的なものと心理的なもの、人格的なものと機能的なものの結びつきなのです。それは平等主義的でもなければ、権威主義的でもなく、有機体的であるが、それにもかかわらず、精神的なのです。それは、異なった個性の自然主義的な評価と、機能的な従属とを、各人の究極性についての最も無条件的な承認に結びつけます。さてこのような諸要素の組み合わせは、それゆえ、個人主義も集産主義も、権威主義も平等主義も排除するこの正義観は本質的に、排他的にキリスト教的なのです。これを可能にし、必然をもったものとするのは、キリスト教における神の創造の概念――神の個人へのよびかけによる、すべてのものの普遍的な定めへの創造――なのです。キリスト教におけるその基盤からはなれては、このような結びつきは、なんら内的な必然をもたない偶然の問題としてだけ可能なのです。

あやまった二者択一と真の綜合

近代社会がキリスト教の考え方から前向きに離れていくことが、不可避的に私たちが見てきたような影響を残してきた理由はここにあります。それはまず個人主義的、平等主義的な自由主義をつくりだしましたが、それは潜在的な、あるいは、はっきりとした無政府状態へと立ちいたったのです。これは集産主義という反動をよびおこし、それは全体主義的な独裁政治のもとで人間の人格を破壊することによって、正義の基礎を破壊しました。それゆえ、キリスト教信仰とキリスト教正義観なくしては、世界は生死を決するような二者択一のまえに立たされるのです。それは、人類は、人間の権利は守るが、共同体の崩壊へと導いていく、個人主義的自由主義へもどったり、あるいはそれを保存したりしようとするか、それとも、人格を全面的に抹殺することによって共同体を組織し、全体主義的な集産主義への道を歩むのかという、二者択一に直面しているのです。中道も《現に》あります。すなわち、キリスト教信仰、もっと正確にいえば、キリスト教創造観にもとづけられたキリスト教正義観から、全面的・排他的にその内的関連性をひきだすような、人格的究極性と機能的構造との組み合わせがあります。このキリスト教正義観によれば、個人的な生活は至高の価値をもち、あらゆる全体主義的、集産主義的な侵略にたいしてもまもられなければならないものです。しかし他方、この個人の人格への最高の評価は、本質的に社会の統一など理解しない個人主義へと導いていくこともありません。真のキリスト教信仰は、この罪深い世界のなかでなんらかの解決があるかぎり、今日の社会問題を解決する鍵をもっています。問題は人類がこの鍵をつかうことをのぞむかどうか、それとも、それがまったく絶滅してしまうまで最近何世紀かの方向をとりつづけていくことのほうを好むかどうか、ということなのです。

第八講への付録　正義・伝統・家父長制度

正義に関するこの講義がひきおこしたさまざまな議論のなかで提起された、いくつかの質問についてここで触れることは、正当な理由があることですし、私には必要であるとさえ思われます──

1　平等主義と伝統との関係。イギリスにおいては──スイスでもそうなのですが──国民の根ぶかい自由主義と個人主義は、他の民主的な国々、たとえばフランスなどにおいて見られうるようなものと同じような、危険な、半ば無政府主義的な影響をうみださなかったということが、多くの人びとによって考察されていますし、この相違はまず他の諸国では欠けている強力な伝統感によって説明されるとしばしば指摘されてきました。しかし、私の知るかぎり、平等主義と伝統の欠如という二つのことの本来的な関係はきわめて明らかにされたことはいままで一度もありません。

合理主義的な平等主義は、現在なされるどのような決定も、以前に決定されたどのようなことと も平等な権利をもっているということを主張しますので、必然的に反伝統主義です。昨日人民によって選ばれた、現にある議会は、以前のときに、以前の議会、王、あるいは類似の権力によって決定されたことを今日ひっくりかえす権利をもっています。平等主義は共同社会のアトム化に向く傾きがあるように、時間のアトム化に向かう傾向があります。それは、いわば、あたえられた時間はいかなるものも平等の権利をもっているということにもとづく、時間的要素の個人化なのです。以前の世代が決定したことが、この瞬間において、私にとって、私たちにとって、どうして拘束力とならなくてはならないのでしょうか。伝統——連続性の主張——は非合理的な原理であり、ときには不合理であったり、超合理的であったりするのですが、しかし、いずれの場合も、合理的な用語では説明がつかないのです。伝統を強調する背後には、孤立化した現在の世代にたいして、世代の連続性に優位性をみとめる反個人主義的な人間観があります。伝統のうちに深くとどめられている過去の知恵が、それだけをとっても、現在の世代の知恵よりもすぐれているというのが伝統主義者の確信です。

似たような考えは、アメリカ合衆国、そうして——さらにそれ以上に——アメリカの憲法を部分的にしかお手本にしなかったスイス憲法として私たちが知っている、あのすばらしい政治的な知恵、抑制と均衡の組織〔立法・司法・行政の三権間にあるこの基本原則によって政治が円滑におこなわれるといわれる〕において表わされています。いずれの場合でも、平等主義的、合理的な要素が、過去の決定が現在における自由な決定を制限することをゆるし、それに政治的な組織全体の安定性が依存するような諸要素によって、釣り合いがとられるようになっています。合理的、個人主義的な平等の原理と、非合理的、非個人主義的な伝統の原理、あるいは過去の決定による抑制と均衡との相互作用が、全面的に合理的な平等の原理にもとづいている国々と比較した場合、これらの三つの民主主義が比較的安定性をもっているという秘密を解く手がかりなのです。このような違いが、いったいどこからくるのかと問われるなら、私はその答えは疑うべくもなく明らかだと思います。平等主義的な原理にたいするこの奇妙な抑制を説明するものは——彼らの現在の制度が形づくられたさいの——これらの国々におけるキリスト教的な伝統の強さなのです。

2　反平等主義的な相違の原理を強調すれば、保守的な家父長制度になってしまうのではないかという懸念が、正義についての講演への批判のなかにみうけられました。それらはとりわけ、機能原理を国家権力に適用することに反対でした。よくあることですが、もしもある人がある賛成している意見を支持するためにさまざまな議論を引き合いにだし、他の人はただそれに反対するだけだというような場合、前者は見過ごしにされやすく、後者だけが注意をひきやすいものです。講演でいわれたことからして、平等の原理が第一に位置づけられていることは明らかなはずですし、そうするしかるべき理由もあげられていまず。しかし、私たちの時代は平等主義の原理によってひじょうな支配をうけているので、それが知恵の全体ではあるまいという事実をほのめかすだけで、権威主義ではないかという疑惑をひきおこすのに十分なほどなのです。私は両親の権威をともなった家庭が、すべての社会秩序の型《パターン》だと申しあげているわけではありません。私は家庭の基礎が、両親にたいしては子供《への》責任を課するが、けっして子供《の》責任を問うことはしない、といった大人への子供の《相違》だということは十分承知しています。これは家庭という共同体の特色となっている《特殊な》相違なのです。それゆえ、家庭の特殊な構造は、《この》相違が登場してこない他の構造のための模範としてうけとられるべきではないのです。しかし、私が申しあげたいことは、《ある》種の相違はあらゆる共同体においてあらわれるのであり、否定的な要因としてではなく、神の創造であるという積極的な要因として、考慮されなくてはならないということなのです。仕事場や工場は家庭ではありません。なぜなら、労働者の雇い主にたいする関係は、未成年の子供が大人の両親にたいしてもっている関係とはちがうからなのです。しかし、他方、私たちは直観的に、もしも仕事場や工場がいま以上にもう少し家庭に似たものになればよいだろうにと思います。それは、このよい意味で、まったく家庭と同じだというわけではありません。《たんなる》契約関係はそのようなことを不可能にするからなのです。私が主張していることは、それが《たんなる》契約連合であるだけではなくて、《もっと》家庭的な単位になるべきだということであり、これは《ただたんに》平等だけではなく、《また》相違にももとづいている、共同体の《有機体的な》原理にしかるべき考慮を払う場合にだけ起こるのだということなのです。《社会契約》的な理念は階級闘争の基礎にあります。なぜかといえば、契約連合体はいつも競争的な単位であるからです。だれでも、カール・マルクスによって考案されている手段とは別の手段で階級闘争を克服しなくてはならないと考える人は、《たんなる》契約的連合体にかわるものを見いだすことに関心をもつべきです。もしも、私があやまっていなければ、これが労働組合運動のなかで、古い自由主義的な型のものにも、新しい集産主義的な型のものにも疑惑の目をむけはじめたあの部門のなかでおこってきている傾向なのです。

3　この正義の概念を国家に適用することに関するかぎり、本質的なことは私の講演のはじめにおいて概説されました。民主主義には二つの種類があります。一つはルソーの合理的民主主義であり、他の一つはキリスト教的な理念です。それは平等という合理的な要素と伝統の非合理的な要素の双方と本質的もしくは有機的な共同体という理念をふくんだものなのです。政治権力が第一義的に《機能》として理解されるべきではない、ということは本当です。政治権力、生と死についての究極の決定は独自な問題であり、その規範は他のどのような共同体ともちがったものであるのです。しかし、まさしくその理由によって、この領域における平等の一方的な強調は嫌われるのです。そのことは《国民の主権》という原理を厳格に適用することによって、不安定な方向へと作用するか、それとも《国家の主権》という原理によって、反対に全体主義の方向へと作用するのです。しかもそのうえ、第一の方向から第二の方向へ向きが変わることにたいして、それを防ぐいかなる安全手段をも提供しないのです。それゆえにこそ、平等主義的な要素は、伝統という非合理的な要素と、現在の決定にたいして過去の決定の影響を供給し、否定的な言い方をすれば、現在の国民やその代表の意志からはある程度独立している政治権力を供給する手段などによって抑制される必要があるのです。それが政治権威の原理ということによって意味されているものなのです。イギリスの議会、アメリカの国会、スイスの国民議会は全能ではありません。それらは、どのようなときでも、議会の現在の意志からは独立している伝統や憲法によって、大統領や連邦政府によって抑制されるのです。これが政治的権威の非合理的な基礎なのです。これ自体は、そのすべての政治的な知恵を平等の原理にかけている合理主義者の永久的な批判のまとなのです。

4　しかし、非合理的、非平等主義的な理念は他の政治生活の特色、すなわち国家の連邦制のなかにも具体化されています。合理主義は中央集権的ですが、キリスト教的な概念は連邦制へと向かいます。これはたんなる《頂上からの委任》ということだけではなく、代表の原理、もしくは《下からの委任》にもとづく政治機構なのです。合理主義者にとっては小さな単位はたんなる中央からの意志を伝達する器官にすぎないのですが、他方、連邦主義者にとっては、中央の権力は多少なりとも自治的な小単位の上部構造にすぎません。中央集権主義においては、個人は国家の中央権力に直面し、中間にあるものはただ中央の権力のための器官にすぎません。しかし、連邦主義においては、個人と中央権力のあいだには、地域共同体、県、協同体、労働組合などといったかずかずのちがった種類の半自治的な中間組織があります。中央集権主義が平等の原理の直接的な産物であるのにたいして、連邦主義は、平等と私たちが主張している相違との組合わせからでてきたものなのです。前者においては多数決がいっさいです。後者においては、地方の小さい単位の主要な利益が問題になっているような場合には、それは多数と小数の原理をみとめない意志によって抑制されるのです。スイスはおそらくはこの非合理的な原理が徹底され、同時に、それが平等にもとづく多数決という合理的な原理とも組み合わさっている唯一の国でしょう。それがこの国が安定しており、全体主義的な細菌にたいして免疫となっている秘密なのです。

九　自由の問題

自由のことなる諸段階

自由の理念は、真理とか正義などといった理念のように、あらゆる時代を通して人類に刺激をあたえてきた理念の一つではありません。自由は人間実存の《指導》理念、《基礎》原理としては、近代の産物なのです。たしかに新約聖書の使信《メッセージ》においては、自由について言及されてはいますが、しかし、だれもそれが中心的な理念だと主張する人はいないでしょう。なぜそうなのか、ということをさぐることが私たちの課題でしょう。しかししばらく、この自由という言葉がひじょうにちがった意味で用いられているという事実に注意を払わなくてはなりません。自由は私たちの実存の、このうえもなく多様な文脈やいわば層のなかで起こってきます。私たちはもしもこれとは反対の不自由という理念から着手するなら、そのことが最もよくわかることでしょう。人間は決断をしたり、自分の人生を形づくったりする余地がない場合に不自由です。この不自由の最高のものは、その全人生が他人の手中にあり、自分の時間や自分の力であっても、それらを好きなようにすることができず、たえず、他人の力が自分にさせることをしていかなくてはならない奴隷の状態によって代表されます。現在では、古代のギリシアの古典時代におけるような意味での奴隷というものは、私たちの社会の問題ではなくなりました。しかし、私たちは個々の奴隷所有者の位置が国家の支配力によってうけつがれ、この国家の支配力が個人の決断にたいしてほとんどなんらの余地をあたえないで、生活と行動を同じような包括的な仕方で決定しているような場合、はたして不自由の激しさや危険度がすくなくなってきているのかどうか、十分な理由をもって問うことがゆるされるでしょう。全体主義国家の出現は自由の問題にすさまじいほどの新しい現実性をあたえました。それが独裁主義である、つまり、個々の市民が政府の決定にあずかることが妨げられるという理由によるのではなく、どのような形態のものであれ、そのような国家が、個人の活動や責任や計画にほとんど余地をあたえず、個の人間がしなくてはならないこと、してはならないこと、いわなくてはならないこと、いってはならないことなどを規定し、どこに住んでどこで働くのか、ということを命令し、個人の否定的な発言や決定を死刑の問題にすることによって、個人をその生活のすべての分野において統制するという理由によってなのです。全体主義国家においては、個人は、ちょうど、遠隔操縦《リモコン》の飛行機みたいに、国家の意志や命令によって、そのすべての働きを方向づけられるのです。

私たちは民主的な自由を誇っていますし、そのことはまことに正当なことなのです。しかし、私たちは、私たちの自由諸国においてさえ、いったいどのくらい広範に、市民の大部分が他の人間の独裁のもとにいるのかということを、いつも十分に自覚しているとはいえません。なるほど彼らに、国家が最低限要求したり、禁止したりする広い限界内で、したかったり、したくなかったりすることを、やったり、やらなかったりする形式的な自由があることは本当です。しかし、この国家の自由空間は他の管理力によってしめられています。労働者はそれが提供されるところで働かなくてはならず、自分に提供されている条件のもとでうけとらなくてはなりません。自由な契約などということは、多かれ少なかれ作り話にすぎないのです。かなり金持であるという理由によって、自立していない人はだれでも、もし強制されなかったとすればやらなかっただろうと思われるようなことを、沢山やらなければなりません。そうして、もしやれるならやりたい、と思うような多くのことはやれないのです。だれも自分から進んで貧しい食物をたべませんし、だれも自発的に粗末な家にすむことはしません。他人が楽しんでいることを見て知っている喜びを、自分から見合わせる人はまずいません。これらすべての場合、人間の意志を規制しているものはお金です。つまり、お金がないということが、やりたいことをやったり、もちたいものをもったりすることを、妨げるのです。ここでも、国家の場合と同様に、特権なき人びとのための自由の領域を、自由な決定のための空間が、全体主義国家ほどにも広くはないと見えるほどに制限したり、せばめたりするのは人間のつくりだした制度なのです。

しかし、いかなる国家や社会制度や奴隷所有者でもせばめることのできない空間というものがあります。それは内《うち》なる自由の領域なのです。だれも、私がやりたいように考え、信じ、愛し、憎み、望み、恐れることを妨げる人はおりません。奴隷エピクテトス〔五五頃－一三五頃〕が自分の自由を確認できたのもそれだからなのです。彼は自分が奴隷の身であるということのなかに意味されている、すべての外面的な依存性が、不適切だと思われるのにくらべて、無限の内的な世界を発見したのです。同じような仕方で使徒パウロにはコリントの教会の奴隷である会員にたいして、束縛をなくそうとしてたたかわないよう勧告しています。なぜなら、それとくらべると、外的な不自由などは不適切に思えるほど、偉大で恒久的な自由を所有しているからなのです（第一コリント七の21以下）。

だが、この内面的な自由というのはいったいどうなんでしょうか。私たちは自分の望むままに考え、欲し、判断を下し、自分できめた方向へむかって行動をおこすだけ本当に自由なのでしょうか。この自由の内面の領域を制限し、おそらくはそれを無にまで還元してしまう力もまたありはしないでしょうか。ご承知のとおり、聖書は、人間の意志を支配し、思想と感情と行動とを意志に反した方向へ追いやり、そうしたいと思うことからは引きとめる内面的な力としての罪の奴隷について語っています(ローマ七の15以下)。また、さらに先までいって自由などはまったくの幻想にすぎないというある種の哲学さえもあります。それによると人間はいつもあの遠隔操縦《リモコン》の飛行機のようなものであって、その内的な生活、その思考も意志もけっして自由ではなくて、いつも自分の性質やその生まれつきの性格や体格、内分泌腺とか汗腺とかいった腺の働きやホルモンの効果によって決定されるのです。人間の行為は、たとい彼が自分の主人公だというように思えるとしても、拳銃で弾をうつ場合の弾道ほどにも自由ではありません。また、人間はいつも時代の子であり、環境の産物、そのなかで《いや応なしに》《ノレンス・ヴォレンス》(nolens volens)泳いでいかなくてはならないあの歴史の流れの一分子なのだから、思考や意志において自由ではないのだ、ということもいわれています。

事実としての、そうして要請としての自由

これらのごみ入ったおびただしい自由の事実や概念のなかで自分の道を見いだすために、最初の区別をしてみることにしましょう。お互いにははっきりとちがっている、二つの別個の自由の問題があります。第一は、人間はどの程度まで、どのような意味で、《現に》自由であり、あるいは不自由なのであろうかということであり、第二は、人間はどの程度まで、どのような意味で、自由で《あるべき》なのだろうかということです。一見まったくちがうように思えるこれらの二つの問いは、あとのほうの議論のなかで明らかになるように、実にお互いに密接に結びついているのです。しかし、まずはこの両者の区別――分離さ

えも――が必要です。人は自由であるかどうか、どの程度まで自由なのかという問いは極端にちがった仕方で答えられ、そのうちのあるものは完全な自由を確認しているかと思えば、他のものはどのような種類の自由をも否定しています。これらの二つの極端のうちの第一のもの、自由の理想主義は、第二のもの――決定論とくらべた場合、きわめて例外的な現象です。フィヒテの哲学を除いては、(1) 自由主義の最も大胆な形――絶対自由の主張――は、かつてほとんど明確にのべられたことはありませんでした。この教えは、必然的に自由を制約することができ、また、制約するであろうと思われる外的な世界の実在性を否定することによってのみ可能なのです。なぜかといえば、自己もしくは自我《エゴー》は非我、つまり、外的世界を創造するがゆえに、そうしてそのかぎりにおいて、無条件に自由でありうるからです。つまり、この自我もしくは自己は神と同一視されうるのです。この条件では絶対的自由だけが確認されます。この極端な自由主義が流行するよい機会をもちえなかったことは容易に理解できます。この絶対的自由の理論の再生が、サルトル〔一九〇五―〕のいわゆる実存主義における、その最も無神論的な形態において、なにかそれにまさる好機をつかむかどうかは、期してまつべきでありましょう。

(1)　もちろん、フィヒテの《自我》(Ich) はただ人間の経験的な自我《エゴー》ではない。しかし、彼がカントの義務の倫理学を自由の倫理学をもって置き換えたということ自体、彼が絶対的な実在を《自我》とよぶことにおいて真剣であることを示している。二〇七ページの注(1)を参照。

決定論と非決定論

フィヒテに最も近いものは、ヴェーダンタの同一性の哲学のように思われます。それは《一にして全で》である《梵《ブラーマ》》が、自我の原理である《大我《アートマン》》と一致することを説いているのです。しかし、私たちヨーロッパの人間には奇妙に思われることは、自由の理念がここでは、まったく存在の概念によって被《おお》われているということです。インド思想は自由の問題にはまったく関心を示していません。私たちは、もう一つの極端において決定論、完全な不自由論を見いだします。これは——前の絶対的自由論とはちがって——多くの追従者を、とくに現代においてもっています。かつて哲学的な問題などにわずらわされたこともなく、そうすることもできなかったと思われるような人びとのあいだにさえ追従者がいるのです。この決定論は次のような一句のなかに表わされているようなひじょうに単純な、しかも徹底的な確信だといえましょう。《私は私でしかないのだ》(Ich bin nun eimal so)——これは最も高度の教育をうけた人からも、最も単純素朴な人からも聞くことのできる文句ですが、これは完全な決定論をあらわしています。自己であるということは、まったく客体的存在との類比において理解されました。ちょうど、鉛のかたまりは、かずかずの分子やそれらの原子のゆえに《現状のようなもの》であるように、人間もまた彼の構成によって決定されているのです。人間の自我は心理的もしくは身体的な要因の総体であり、彼の意図は、人間の心理的・身体的な構造や、彼と彼の外にある世界とのあいだの相互の作用と反作用から生ずる、異なった構成要素の結果なのです。そこで自由とは、構成によって決定された、外界への反作用の可能性以外のなにものでもありません。この概念は理論としては多くの支持者をもちましたが、実際的にはたいした役割を演じていません。決定論者はいつでも自分は決定論者でないように生きていますし、自分が他の人を取りあつかう場合には、その人は決定されておらず、ある程度は自由をもっているものと仮定しているのです。

哲学的に明確な表現をとっているか、いないかは別にして、これが大部分の人びとの考え方なのです。

人間というものは身体的な遺産と体格、環境と歴史的な流れなどから、ある程度の自由をもっています。彼は自己決定的、責任的な存在です。この非論理的、非理性的、無意識でさえもある自由と責任の確信が、反対の理論によって影響をうけ、ゆりうごかされたということは驚くべきことであり、慰めにみちたことでもあります。

キリスト教的な理念、神への依存

キリスト教の自由観は、決定論と非決定論とのあいだの中間的な見解と手を結びました。哲学においてあのような役割を演じた自由意志の問題は、聖書ではほとんど言及されていません。人間の自由、不自由ということは理論的な領域から、実際的な神との関係にまで高められているのです。人間の自由は人間がいつも神にたいして責任があるものとして見られているので、そのかぎりにおいて、当然のこととして前提されています。人間とは自分がやることを決定し、行動し、その理由を説明しなければならない主体なのです。しかし、他方、人間は被造者ですから、ひじょうに限定された意味でしか自由ではありません。彼は個人的な主体として空間と時間とのなかにおかれているのです。私の空間、私の時間はまた私の限界でもあるのです。とりわけ、私が身体に束縛された存在だということは、私に自分の限界をおもい起こさせてくれます。

しかし、このような被造者としての限界それ自体は人間にとって本質的なものであり、神のまえにおける人間の責任において主として実現される自由を犯すものではありません。人間は神の像としてつくられることにおいて他の被造物にたいする支配権をあたえられているのです。人間が本来的な自由を経験するのは、まさにこの人間以下の自然、物質世界にたいする優位性においてなのです。「あなたはよろずの物を人の足の下におかれました」(詩篇八の6)。しかし、キリスト教自由観の特色は、人間の自由は彼の依存性がそこに由来するその同じ点から生ずるという事実にもとづいています。人間の自由はこの神への依存ということにおいてのみその可能性をもつのであり、それゆえ、神への依存の極大が人間の自由の極大であり、神への依存からのがれようとする試みはどんなものであれ奴隷の状態へと人間を導いてゆくのです。

通常の思考においては——たといそれが理想主義的なものであれ、唯物的なものであれ、決定論的なものであれ、非決定論的なものであれ——自由は自立ということと同一視されています。この自由が肯定されようと、否定されようと、要請されようと、ともかくもこの自由というのは依存性とは明瞭に反対のものなのです。人間は依存していないかぎり自由であり、依存しているかぎり不自由なのです。これが、いわば常識といわれるもののなかに本来うけつがれてきている公理的、合理的な自由の概念なのです。自由か、依存性か、ということは《あれか・これか》の問題であって、依存性ということが問題になるかぎり自由は排除されるのであり、自由が問題になるかぎり、依存性は排除されるのです。

この常識的な自由観は、私たちの世界との関係についての省察に由来しています。世界とか自然に関するかぎり、それは妥当性をもっています。しかし、この自由観は人格の中心を捉えていません。人格の中心は、私たちの神との関係なのです。しかし、私たちの神との関係において、世界との関係において真実である《あれか・これか》は真実であることをやめ、正反対のことが真理となるのです。なぜなら、人間は神との関係において、依存的であればあるほど自由であるからなのです。《神に仕えることが自由なのである》(Deo servire libertas)。人間の自己というものは、それだけで全部なのではありません。人間の人格は、人間と神との関係によるものなのです。人間というものは《自分自身において》、《自分自身によって》存在しないで神において存在するかぎり、つまり、人間が自分自身で決定するのではなくて、神によって決定されるかぎりにおいて、真の自己もしくは人格なのであり、それゆえ、自由をもっているのです。そこで、ここには《自己充足《アウタルケイア》》とは正反対のものがあるのです。人間は自分に満足していればいるほど、それだけ自由ではありません。そうして、自分に満足することが少なければ少ないほど、そうして自分の生活と意味とを神のなかに求めれば求めるほど、いっそう自由なのです。(1)

（1） ルター〔一四八三―一五四六〕やカルヴァン〔一五〇九―六四〕がローマ・カトリック的なペラギウス主義〔五世紀の修道士ペラギウスに由来する主張、原罪説を否定し、人間の自由意志をとき、救済における神人協力を主張する〕とのたたかいにおいて、完全な形而上学的な決定論の方向に深入りしたということは疑いえない。ルター『奴隷意志論』参照。しかし、彼らが目ざしていたものは神への依存性と同一視される真に聖書的な自由観なのである。キリスト教人間学のこの中心問題についてのもっと徹底したとりあつかいについては、私の『矛盾における人間』第五章、第一一章を参照。

聖書においては、人間が自分自身に満足してその創造主から自立し、神から離れようとするこの企てを罪とよんでいます。そうしてこの罪は結果として、真に不自由もしくは奴隷の状態と結びついています。人間が自分を神から解放しようとする試みはただ悲惨に終わるだけではなく、自由の喪失ということに終わるのです。これが最初の人間の堕罪についての教説なのです〔創世記三章参照〕。アダムとエバは、神からの自立において自由を求めようとするほどに目をくらまされています。彼らは近代人の原型なのです。彼らは自立することによって、彼らを神と結びつけるきずなを投げすてることによって自由になりたいと考えました。そうすることによって、彼らは神のようになること、絶対に自由な、自立的な自分にもとづく自己になり、それゆえ、自分のうちにその自由をもとうと考えたのです。

人間は神から自立することによって自由になろうと欲することによって、神と世界とを混乱におとしいれました。人間は世界から自立していなくてはならないように、神から自立しようと欲したのです。しかし、人間は自由になるために自分を神から切りはなすことによって、世界との関係において自由になりうるような根拠を失うにいたるのです。彼は真に世界の外側にあって世界を動かしうるような、アルキメデスの支点〔てこの支点のこと〕を失ってしまうのです。人間は神から自分を切りはなすことによって世界へおちこんでしまって、その囚人となります。神から自分を解放する人間は、世界の奴隷となるのです。自分では気づかないうちに、理論的にも実際的にも、世界が彼の神になるのです。理論的に、人間は世界を絶対化してそれに神的な属性をあたえることによってそれを神にするのです。実際に、彼は世界やそれがあたえるべきものに全面的に服従することによって同じことをするのです。《その心に思いえがく空想》は世界でみたされ、しかも、けっして満足することはありません。神にむかってつくられている人間の心は、けっして有限な事物では満足させられることはできません。それが満足させられず、失望さえもさせられるのは、神から切りはなされて、世界のなかに失われているからなのです。そのうえ、世界はただ官能的な刺激力だけではなく、悪魔的な力、絶対的な有限性といった力でもって人間を魅惑するのです。人間は世界の奴隷であるだけではなく、悪魔の奴隷でさえもあるのです。

理想主義的な自由と自立の等置の結果

私たちは、この点から近代における自由の問題の展開を理解することができます。キリスト教的な自由観を投げすてることにより、二つの二者択一が——一方ではあやまった自由主義が、他方ではあやまった決定論が——展開されてきました。それらは多くの仕方で反対であるにもかかわらず、一つに合わされています。一方では、自立としての自由という概念は合理的な自由主義をうみだし、それはフィヒテにおいて頂点に達します。自我は神と同一であり、この自我が世界を創造するのです。フィヒテが聖書の創造観をあやまった哲学の最初の基準とし、形而上学的なあやまりに由来するものと考えたのはきわめて理屈が通っているわけです（フィヒテ、全集V・四七九ページ）。自我はそれ自身が創造者なのです——いったいどうしてそれ以上創造者などというものがあるなどということがあるでしょう。自由と自立の等置ということを行くところまでもっていった、この極端な自由主義は大胆すぎて多くの追従者をうることはできませんでした。しかし、これと密接な考え方は、前世紀における最も有力な思想の一つの出発点となりました。

マルクス的な無神論

私たちは、カール・マルクスの体系の根底に、自立と同一視されている自由の理念を見いだします。マルクスは一種の人類の堕落、あやまった展開の最初の点、近代社会がそれによって苦しんでいる諸悪の根源といったものについて教えています。この致命的な始まりが自立の喪失ということなのです。それはまず、労働の分配によって経済的な現実のうちに起こり、ついで、神を承認するという、そのイデオロギー的な帰結において起こったというのです。マルクスはつぎのような公理を定式化しました。《人間というものは、自己の実存を自己自身に負う場合にだけ自由である》（マルクス、前掲書、III・一二四ページ）。それゆえ、神を認めることは自立の喪失と同一であり、不自由の始まりであるのです。それゆえ、人類は共産主義による労働の資本主義分配を克服し、宗教をふるいおとすということによって、この二重の依存性をふるいおとすことによって、その自由を再び手に入れることができるのです。人間は階級なき社会において自分自身にたいする自分の実存を負うのであり、無神論において彼はそれを自分自身に負っていることに気づくのです。それゆえ、共産主義と無神論とは、資本主義が神への信仰と関連しているように、マルクス主義体系の根底そのものにおいていっしょに関連しているのです。資本主義の廃棄は同時に宗教を廃棄することなのです。両者は自立という自由を再び手に入れる同じ過程において両面なのです。

私たちは、ベルリンの哲学者ニコライ・ハルトマン〔一八八二―一九五〇〕が要請的無神論とよんでいるもののなかに似たような考えを見いだします。神の非存在は、自由のために要請されなくてはなりません。なぜかといえば、神の承認は自立と調和しないからなのです。さらに、私たちはこの思想のきわめて魅力的な変奏曲をアンドレ・ジード〔一八六九―一九五一〕の小品『放蕩息子』に見いだします。そのなかで著者は放蕩息子のたとえ話〔ルカ一五の11以下参照〕を意識的に反対の方向にもっていくように解釈しています。放蕩息子が父親から自分を解放したことはまったく正当だったのであり、彼はこのようにして自由な人間になったのです。

これらの要請的な無神論のいずれの表現よりも印象的なものはフリートリヒ・ニーチェのものです。彼にとっても、神の理念は、いわば、人類の堕落をあらわしています。強者にたいする弱者の反乱を可能にするのはこの神への信仰であるからなのです。《すべての人間の父である神が存在する》という作り話的な思想は、あの奴隷的な奉仕の道徳をうみだし、権力者の側《がわ》における権力への意志をまひさせます。この神の理念によって、小人国の人間、無力な群衆は、有力な個人を奴隷にし束縛し、生の真の原理、権力への意志論によれば、なすべき正当なことをすること、その権力を用いて弱者を支配することを妨げています。ニーチェのツアラトゥストラほどこの要請的無神論をぶっきらぼうに表明したものはかつてありませんでした。「もしも神々がいるとすれば、いったいだれが神でないことにたえられるだろうか。だから、神などはいないのだ。」無神論は絶対自立の意志からうみだされたものなのです。創世紀の物語によれば、《あなたがたは神のようになるでしょう》（Eristis sicut deus）〔創世記三の4〕というあの蛇の誘惑の言葉は、アダムとエバの心のなかを十分に意識的にかき乱すところまではいかなかったようですが、この言葉で意味されている思想を十分に表現したのが、ほかならぬニーチェであったわけです。

キリスト教的な自由の理念から切りはなされることによって、ヨーロッパ思想がたどった第一の路線はあやまった自由主義であり、もう一つの路線はあやまった決定論です。徹底した自由主義が《神はいない》、なぜなら、人間の自由がある――あるいはなくてはならない――からである、というのにたいして、徹底した決定論は《神などいないから、自由はない》というのです。徹底した決定論はいっさいが原因と結果の組み合わせできめられるという汎因果主義であり、汎因果主義は神の除去なのです。もしも、神がいなければ、世界だけしかないことになります。もしも、世界だけしかないということになれば、すべてのものは世界の定義そのものである因果律〔一定の原因にたいしては必ず一定の結果がともなうという必然的な法則〕の範疇によって決定されることになります。このような世界だけしかありませんので、自由はありえないということになります。人間も世界の一分子であり、世界という機械の小さな歯車なのです。神が幻想なのですから、自由も幻想なのです。人は客体中の客体、その最も本質的な部分が脳であるような、とくに複雑な客体なのです。ちょうど、機械がその架設工事によって固定されるように、人間は彼の体の構造によって規定されるのです。人間が神のなかに手がかりをもつことを失うことによって、世界のなかにまっさかさまに落とされていくことはこれで明らかになっていきます。彼は世界から少しもとり去られているのではなく、まったくそのなかにとっぷりと沈められているのです。

自然、権威からの近代の自立運動

自由と決定論の形而上学的な問題よりもいっそう重要なのは、人間はどのような種類の自由をもつべきか、ということについての倫理的な問いなのです。最近数世紀の歴史は、自由もしくは解放運動がほとんど不断につづけられてきていることを私たちに示しています。自由の理念は——平等の理念とならんで——近代における西洋の人間の生活において最も強力な精神的な推進力となっているものです。この解放運動の最初のものは、この角度からはごく稀にしか見られない経過、すなわち、近代の技術的発展ということなのです。それは人間が自然に依存することから自分を自由にしたいという潜在的な意識をもってはじめた企てなのです。人間は自然の勢力とのとてつもなく巨大な格闘によって、自分が自然の主人公になろうとしています。この考えは以前にはルネサンス人道主義の時代の錬金術師をふるいたたせたものでした。彼らは自分たちに自然力を支配する魔術的な力をあたえる賢者の石〔普通の金属を金にかえる力があると信じられていた〕をさがし求めました。近代技術をつくりだしたのは近代科学ではなくて、被造者としての依存性をこえて自分を高めたいという、意識的というよりはむしろ潜在意識的な、この意志なのであり、近代の科学的・技術的な熱意のもっている激しさはこれによって説明されるのです。技術がひじょうにしばしば科学よりも先に進んで、むしろ、科学の道案内をするのはそのためなのです(1)。この動機はその展開の最後の局面においてはじめて表面にあらわれて、技術支配的な宗教まがいのものとして完全に自分の姿をあらわしました。この運動の最も深い根源が創造主にたいする反逆である、ということがこれで明らかになりましたが、この反逆は宗教まがいの衣装を身につけているのです。この宗教の信条は、われわれは科学と技術によってみずから神々となったので、もはや、神は必要ではないといったものです。全能とか救いの力などといった属性は神から、組織化された人類へとうつしかえられたのです。

（1） ドナルド・ブリンクマン『人間と技術』（一九四六）、一〇五ページ以下。

私たちは、ベンジャミン・フランクリン〔一七〇六―九〇〕の墓石のうえに次のような墓碑銘を見いだします。それは彼自身よりも、彼の賛美者の特徴をいっそうよくあらわしています。《彼は天からは雷光を、独裁君主からは笏《しゃく》〔王権の象徴として王がもつもの〕をうばいとった。(1)》政治革命という解放運動が、超越的なものへむけられている解放運動といっしょに見られています。再び、それはあのプロメテウス〔神々から火をぬすんで、人間の世界に技術文化をもたらしたギリシア神話の人物〕の動機なのです。人間はその技術的な知識によって自然から自立するようになるだけではなく、神々からも自立するようになるのです。自然の気まぐれから祈りのなかへと避難することは古代人にはふさわしいことでしたが、そのようなことは原子を分裂し、自然の無限の神秘力を意のままにすることができる現代人にはもう不可能なことですし、また、ふさわしいことではないと思われているのです。

（1）〔訳注〕《天からは雷光を》うばったということは、彼が雷雨中に凧をあげて雷電と電気とが同じものであることを立証したことをさし、《独裁君主からは笏《しゃく》をうばいとった》ということは、彼がアメリカ独立運動の指導者となり、一七八三年パリ条件のアメリカ全権となり、アメリカ合衆国の独立をイギリスに承認させたことをさす。

しかし、技術の全能といった考えは、若い世代の人びとや、科学や技術が比較的新しいものであるような国々においてそうであるほどには、科学や科学的技術の巨匠や開拓者たちの心を魅了していない、ということをつけ加えて申しあげたほうが公平でしょう。成熟したものの考え方をする人びとは、人類はいまますますゲーテの作品にでてくる《魔法使いの弟子》のような状況になってきたことに気がついています。この弟子は師匠の魔法使いからぬすんだ魔法の言葉を用い、魔法使いの奴隷である精霊どもをこきつかって自分がやるべき仕事をやらせたまではよかったのですが、彼らを本当には意のままに使い切ることはできないので、ついには彼らがやってくれている仕事そのものによって自分が大きな破滅の危機にさらされていることに気がつきます。私たちの時代の科学の巨匠たちのなかで、技術的知識が人間の手に負えないものにそだってしまい、それはもう人間に仕えることができる精霊ではなくて、危険な生活の主人公になってしまったと、すくなからぬ不安をもって告白する人びとが多くいます。どうしてこんなことになったのでしょうか。それは人間が、自由とは解放である、という愚かしい信念から、自分の人生を神からの解放という路線で展開し、そうしていまや——こんなことはとっくに聖書から知ることができるはずだったのですが——苦《にが》い経験から、自立は自由ではなくて、自分の生活を脅かす隷属なのだということを学んでいるからなのです。

私たちは、政治的、社会的な生活の領域でおこっている解放運動のなかでも、同様なことが作用しているのを同様に明瞭にみることができます。現代人は自由について語る場合、まずなにをさておいても、政治的、社会的な自由を考えます。さて、キリスト教の人生観においては、人間関係においては自由と依存との不思議な均衡があります。なぜなら、自由と依存とはすでに人間の人格的実存の根源において、彼の神との関係において一つに結びついているからなのです。[1] まことに、人間は神によって自由へと召されているのです。神の奴隷であるものが、人びとのあいだでは自由な人間なのです。創造主は人間を自由につくり、奴隷であることは神の創造の秩序の否定です。無条件の愛の戒めは、だれでも他人を支配することを主張しないようにまもります。平等な尊厳は平等な自由をふくみます。しかし、ここでみなさんはキリスト教人間観には、人間の相互自立ということがそこから由来する、この平等な尊厳ということだけではなくて、人間の相互依存ということがそこからでてくる、相違ということもそこで基礎づけられていたことを思いだされることでしょう。人間はただ自由のためにつくられただけではなく、また共同体のためにもつくられているのであり、しかも自由な愛の共同体のためだけではなく、ある機能を果たすためにつくられている単位内で各個人が互いに補い合う関係にあるという補足の原理とそのためには身分的というのではなくて構造的に従属するということにもとづいて、機能的に相互に依存するためにもつくられているのです。聖書的な人生の原理は《自己充足《アウタルケイア》》を確立するのではなくて、お互いにあたえたり受けたりする関係を樹立するのであり、ロビンソン・クルーソーばりの個人主義的な在り方ではなくて、家族とか、隣人をもつような共同体とか政治的な連帯性などといったものを確立するのです。

（1）ルターの古典的な論文『キリスト者の自由』参照。

さて、このある機能を果たすためにつくられている単位では、平等な尊厳ということとならんで、いつも一種の従属があります。ある人が上になり、ある人が下にならなくてはなりません。ある人が指導し、ある人が従わなくてはなりません。人びとがなにかをしなくてはならないところでは、権限や指揮権の段階がなければなりません。これが承認されないところでは、協力をするためにできている集まりの単位は瓦解してしまいます。この段階も創造の秩序ですが、それは尊厳や自由の不平等をふくんでいるような段階と最も厳密に区別されなくてはなりません。しかし、機能的な協力の秩序は、いつも人間の利己主義によって変造されてしまいます。それは機能的な構造や奉仕を、人類の大部分を奴隷にし、引き下げてしまう一種のカースト制度や階級支配に変形してしまいます。特権階級の権力と利益とを増大させるために、自由を破壊するあやまった権威の体系が組み立てられます。近代のはじまりのころの状況はこのようなものでした。解放運動は、その目的、正当な目標として、封建主義や教会の聖職階級制度のなかに組み込まれているような、こういったあやまった権威の秩序を破壊しなければなりませんでした。この戦いは神からあたえられた自由の名においてたたかわれなくてはなりませんでした。しかし、この戦いがあやまった教会的権威にたいしてもたたかわれなくてはならなかったという事実は、神の権威そのものにたいして戦いが遂行されなくてはならないという深い誤解をひきおこすこととなりました。平等の合理主義的解釈は、どのような種類の権威でもそれにたいしては疑惑がいだかれ、いかなる従属も人間の尊厳と自由に反すると公言してはばかりませんでした。権威という概念そのものが、自由という名において評判をおとしてしまいました。自由の理念が社会の無政府主義的破壊のてことなったのは、この誤解によるのです。

　私たちはこの経過において、三つの局面を区別しなくてはなりません。第一に、理想主義型の自由主義は、人間の尊厳のある種の超越的な根源をまだ認めており、それゆえ、ある種の神的な権威、至上命令〔良心の命令〕もしくは道徳律の権威を認めています。しかし、この権威は不確実なものでした。なぜなら、この道徳律は自律の原理によって私たち自身の法として解釈され、それゆえ、創造主への信仰のうちに意味されているような真の依存性とか権威が認められていないからなのです。道徳律は権威の理念が自由の理念の光のもとで消えてしまうような仕方で解釈されました。[1] このようにして超越力の権威が不確実なものとなるうちに、人びとのあいだにおける権威の理念もそれとともに消滅していきます。一つの単位となるような構造を形づくるような、自然的な相互依存の場はもうありません。あらゆる共同体はただ社会として理解されているにすぎません。人びとのあいだでの権威は、ある人間の自由は他の人間の自由によって制約されなくてはならないというような内容のうすめられた《管理》の形態においてあたえられているにすぎません。これが前講でお話した《社会契約》の理念なのです。契約連合体が本来の共同体にとりかわっているのです。権威は個人の権利の委任にすぎません。政府は、善いことであろうと悪いことであろうと、主権者である人民の意志を執行する行政組織となり、これもまた、人民の意志はつねに善であるという仮定によって正当化されるのです。

(1) 私たちはこの変化をカントの超越的理想主義から、フィヒテの形而上学的もしくは思弁的理想主義への展開のなかに見ることができる。カントにとって、自由は義務と相関的であり法において基礎づけられており、フィヒテにとって、法は自由と同一である。自由であるということ以外に法は存在しないのである。『倫理学体系』(一七九八)、全集Ⅳ・五九ページ以下参照。

第二の局面では、理想主義のなかで残っていた超越的な要素、すなわち、神的な道徳法でさえも消えてなくなります。もう道徳的な権威はなく、権威なき自由があるだけなのです。いまや、あらゆる社会秩序や規則が、実益の尺度としてしか考えられないような仕方で、自由の原理だけにもとづく社会や国家をくみたてようという試みがなされるのです。これが《自由放任》の条件であり、法的な権利をできるだけ制限し、前向きに減小させ、かびの生えた結婚制度にとってかわる自由恋愛を宣言する条件なのです。

第三の局面は、《自由放任》的な自由主義が社会をそのなかに投げこんでしまった、無政府主義的な状態への反動です。社会というものは、それをいっしょにまとめて保全していく権威なくしては存在することはできないことが明らかになりました。しかし、道徳律の権威にせよ、神の権威にせよ、精神的な性格をもった権威はもうのこってはいません。そこで人はぶっきらぼうに《そのものずばり《デ・ファクトー》》(de facto) といった性格をもった権威、権力をもっている人間の権威といったものをつくりあげなくてはなりません。それがすなわち、純粋に自然主義的な基礎をもった独裁主義なのです。この独裁主義がそれ以前に何世紀かにわたって宣言されてきた人権と相容れないものであることは明らかです。というのは、これらの権利はこの《そのものずばり《デ・ファクトー》》の権威を不安定なものとし、それを破壊してしまうかもしれないからなのです。それゆえ、この自由そのものが、いつも理不尽《りふじん》にというわけでもありませんが、個人主義的であって、社会にとって危険だといって、攻撃されなくてはならず、また、実際に攻撃されているのです。全体主義国家は、個人主義的な自由主義もちまえの欠点にたいする批判にもとづいて、自由な民主主義を軽んじ、あざけり、その評判を悪くしています。個人主義的な自由は、道徳的な基盤のうえにたてられているのではなくて、まったくの権力のうえにたてられている、集産主義的な全体主義国家においては姿をけしてしまっています。そうしてこれが、すくなくともこの時点までは、自由を自立として理解し、創造主がアダムに語った《なぜなら、あなたがそこから取って食べる日には、あなたは確実に死ぬだろうから》〔創世記三の3参照〕という警告の言葉を実現せざるをえなかった近代の解放運動の結末なのです。

キリスト教思想では神の権威が第一、自由は第二である

私たちは、この第九講のはじめで自由の理念は聖書の啓示の中心にあるものではないということを申しました。自由は、正しく理解される場合、第一義的な言葉ではなくて、第二義的な言葉なのです。第一義的な言葉は神への依存、神の主権ということなのです。神の賜物《たまもの》と意志が最初にきます。神は人間を神自身に結びつけることにおいて彼に自由をあたえます。人間の自由は神への依存と同じです。《だから、もし子〔イエス・キリストのこと〕があなたがたに自由を得させるならば、あなたがたは、ほんとうに自由な者となるのである》（ヨハネ八の36）。《主の霊のあるところには、自由がある》（第二コリント三の17）。自由を神のそとに、神からの自立のなかに求めたことは、近代人類の悲劇的な過ちでした。この道は、世界への隷属であるにせよ、人間の支配のもとにおける隷属であるにせよ、反対の方向である奴隷的な状態へと立ちいたらざる

をえませんでした。

自由が自立において求められずに、神への依存において求められるところでは、物質を支配しても、世界の事物や技術力にとりつかれるようなことにはならず、個人の自由が共同体の解体をもたらすことはなく、相違にもとづく組織における権限の段階も権力主義的なカースト制とか階級支配になってしまうことはなく、個人の自由と共同体の利益とがひとしく認められることによって、平等な尊厳を認めることが、機能的な貴族主義と結びついているので、個人の自由と社会的な結合とが釣合いをたもつことでしょう。

教会的な権威主義

しかし、自由ということについて、以前のこととの関連においていわれたことを、すなわち、近代の解放運動がたどったあやまった方向は、神の権威にたいする反逆に由来しているだけではなく、経験で知られる歴史的キリスト教が間接、直接に責任を負っている、あやまった権威にたいする正当な反逆にも由来していることを思いおこそうではありませんか。教会は政治的、経済的な権力のまちがった使用を是認しただけではなく、みずからあやまった権威をもった聖職主義をつくりだし、その正統主義において、長い目でみれば支持されえなかったような、あやまった精神的な権威をつくりだしました。それゆえ、キリスト教はいまなお、個人の自由も、社会の秩序も同様に、神に無条件によりたのむことにおいて基礎づけられるという仕方で、キリスト教的な使信《メッセージ》を解釈する課題に直面しているわけです。

十　創造性の問題

文化と創造性

およそ文化というものはすべて、人間の心の創造的な力によって生きるものです。文化は人間が生物としての必然性をこえておこなうものだからです。それは自然がやらない、供給できない新しいことをすべてひっくるめたものなのです。この創造力――才能、最大限には、天才――はそれ自体なにか授けられたものなのです。人は才能とか天才をうみだすことはできない。才能や天才は教育によってつくられるものではありません。みなさんはこれをもっているか、それとももっていないか、そのどちらかなのです。教育や、訓練や、どんな種類の授業でも才能を助けることでしょう。そのようなものがなかったり、都合の悪い不利な条件などは創造力を妨げたり、破壊したりすることさえもあるかもしれません。しかし、それらは天才という言葉が示しているように、それ自体、出生によってあたえられるのです〔天才 genius はギリシア語で生まれることを意味する γίνομαι に由来する〕。みなさんは天才であろうと決断したり、なろうと決断することはできません。みなさんは生まれつき天才であるか、あるいはけっして天才になることはないのです。そこでこの要因――創造力、才能、天才などといった要因――は、私たちが当初から考えないできた、文明もしくは文化のもっている、自然からあたえられた要因に属しているのです。

創造性は自然の賜物、しかし、その解釈と方向は自由のうちにある

しかし、二つの事柄がはっきりとした形で私たちの興味の範囲、すなわち、宗教的な信仰、不信仰が妥当するような領域のうちにあります。第一は、これらの創造力の使用にたいしてあたえられる方向であり、第二は、私たちの価値体系全部と、人間実存の意味についての私たちの概念一般のうちにおいて、それらにあたえられている場所や序列なのです。人はキリスト者であることにより、あるいは異教徒とか無神論者であることによって、よりすぐれた才能の持ち主になるとか、より劣った才能の持ち主になるとかといったことはありません。信仰や不信仰、この秩序やあの秩序についての世界観などといったものが、天才の度合を高めたり、低めたりすることはありません。しかし、キリスト者であるとか、非キリスト者であるとか、真の信仰者であるとか無神論者であるとかという事実は、創造性がとる方向においてたしかに、みずからを表現するのです。そうして、さらに、信仰や不信仰、どのような種類のものであれ世界観は、人間生活の全体において、創造的な要素をどのように理解し、評価するのか、ということにおいて、ひじょうにちがってあらわれるはずですし、またじっさい、ひじょうにちがってあらわれることでしょう。そこで、これらが、私たちがキリスト教信仰と文化的生活の関係を捉えようとするために取りあつかわなくてはならない二つの問題なのです。

創造性に関する初期の不安、プロメテウスとバベルの塔

人間が自分の創造力について意識するようになるのは、人間の心の発展において、比較的に後期の段階だけなのです。最初は、そうして長いあいだ、人間の関心をひきつけるものはその身体的な創造性だけなのです。人間は男根崇拝において、自分の性の創造性を神的な力としてあがめます[1]。その後、人間が超自然的、神的な力のあらわれを見るのは、国家の形成と法律の制定のなかです。また、それからあとの段階になって、人間は異なった《わざ《テクネー》》(τέχνη)に、工芸と美術に、火を使うことに[2]、金属をとりあつかうことに、農業に、そうして、とくに人間的な性質、その創造力の表現である学芸に気づくようになるのです。

(1)〔訳注〕 たとえばヒンドゥー教では男根はシヴァ神の表象として崇拝される。

(2)〔訳注〕 ローマ時代に奴隷でない自由民だけが習得することをゆるされた学芸(artes liberales)は文法、論理学、修辞学、算術、幾何、音楽、天文の七科目をさす。

さて、しかし、この文化的創造性にたいする評価が、ただ素朴に積極的であるだけではなく、反省的であり、複雑であるということは驚くべきことであり、このうえもなく意味ふかいことです。プロメテウスの神話〔天から火を盗んで人類にあたえたためゼウスの怒りをかい、その罰として岩にしばられ、禿わしに肝臓を食われたという〕はこの複雑な見方を特徴的に示しています。人間に工芸や美術を教え、人類への同情から天から彼らに火をもたらした巨人、プロメテウスはたしかに恩人なのですが、しかし、同時に、彼は神の秩序にそむいた人間なのです。彼は、神々のもとから火を盗まねばならず、そのために恐るべき刑罰にたえなくてはなりませんでした。すなわち、この見方によれば人間の創造

活動の発生は、あたかも、なにかそれに不法なことでもあるように、疑惑の念をもってみられているのです。それはなにか横領の産物なのです。人間はこれらの便宜をみなうけることを喜んではいますが、なお、彼が実際にそれを感じているので、創造的な人間と神の秩序とのあいだに緊張関係があることに気がついているのです。ゲルマンの神話論のなかでも似たような感情があらわされているように思われます。そこでは技術の秘密をもっているのは地下の世界に住む暗黒の半神半人であり、人間はそこからその知識をえているわけです。旧約聖書の歴史の最も古い伝承を通しても似たような考え方がほのめかされています。カインは、おだやかな羊飼いであったアベルから、神をよろこばすことができない攻撃的な耕作者として区別されています〔創世記四の1以下参照〕。創世記の堕罪物語〔同三章〕には、たぶんバビロニアのものと思われる、もっと古い伝承の残りが発見されうるのです。それによれば知識を手に入れることは神の財産をけがすことであって、神からはきびしく罰せられるのです。今日、創世記にみられる堕罪物語でも、人間の知識にたいして神によって設けられた限度があることを強調しています。

しかし、私たちのこの問題にたいして最も重要なのはバベルの塔の物語です〔創世記一一の1以下参照〕。人間は名前をあげるために一つになり、その一致を保つために町をつくり、有力なものとなるためにその頂上が《天にまでとどく》塔をつくろうとします。しかし、神は干渉し、彼らの言葉を混乱させることによって塔を完成することを妨げます。時間をこえて妥当性をもっている、この途方もない象徴のなかには、かずかずの要素が一つになっています。建築によって代表されている人間の創造力と創造活動は、ただちにそうして同時に、自分の名を上げ、有名になりたいという意志を表わし、また、人間社会を協同の行為によって一つにしておきたいという不成功に終わった企てをも示しています。第三に、そうして、最も意味ふかいことには、この創造能力は、人間が神の力からのがれて、神の高さまで自分をたかめたいという傾向をもっていることを表わしているのです。

キリスト教の積極的、批判的な態度

しかし、もしも私たちが、聖書が人間の創造性について語るべきことはこれで全部だと考えるとすれば、一方的でしょうし、あやまってさえもいることでしょう。実際問題として、聖書は人間の文化的、文明的な能力や活動をごく自然なものと考えていますが、とくに、それを強調しているというわけでもありません。これらの創造力は神の賜物であり、それゆえ、善いものなのです。それをあやまって用いることだけが悪いのです。私はタラント（私のタレント〔才能〕という言葉の使用はここから由来するのですが）のたとえ話は〔マタイ二五の14—30参照〕、人間は彼の創造主である神からうけた特定の賜物だけではなく、あらゆる賜物にたいして、神のまえに責任があるのであり、主人がその召使いの奉公を忠実なものだと認めることができるような仕方で、それらを用いるように義務づけられているというように解釈するのが正しいと思います。しかし、聖書は、旧約聖書でも新約聖書でも、創造的な要素それ自体はけっして関心の対象とはされておらず、その関心は全面的にそれらの中心的な動機にたいしてむけられているのであって、その点では他のどのような自然的な活動の場合とも同じなのです。《だから、飲むにも食べるにも、また何事をするにも、すべて神の栄光のためにすべきである》（第一コリント一〇の31）。

人間のすべての行為が、神の栄光に従属するというこの動機が、西洋人の領域の内部で人びとをふるい立たせるものであったのか、それともその反対であったのか、ということは簡単にはいえません。しかし、この動機が最も高度の創造性の《指導》力だったことはいささかの疑念もありえません。初代のキリスト教や中世、宗教改革時代、宗教改革時代以後の文化史はこの命題の正しさを示す大きな証拠です。あらゆる文化活動、芸術と科学、音楽と詩、応用美術なども、社会制度、国家、法律、経済生活の組織、市民生活の習慣などと同じく、つまり、ひとことでいえば人間の心の跡をとどめることのできるものはみな、すくなくとも理論的、象徴的には《神に栄光あれ《デオ・グローリア》》(deo gloria)、《神に奉仕せよ《デオ・セルヴィテイウム》》(deo servitium)という最高の範疇のもとでうみだされているのです。この《神に栄光あれ《デオ・グローリア》》があまりにもしばしばせまい、聖職的、教会的な意味で理解されすぎ、それゆえ、何世紀ものあいだ、処女マリアや天使や聖人たちが、神の栄光をおおいかくしてきたことは本当です。しかし、このような制約のなかにあっても、ここ十二、三世紀のヨーロッパ人の生活は、コンスタンティヌス大帝〔二七四頃―三三七〕から啓蒙主義の時代まで、すべての人間の創造性と行為とが神への奉仕でなくてはならないと理念によって支配されていた文明の偉大な実例なのです。

さて、この信仰と文化の積極的な関係だけが唯一のものではありません。文化もしくは文明生活を徹底的に否定する隠遁主義の現象もあります。とくに、それが指導力を発揮したさまざまな面において、文化を徹底的に否定するほどにまで、それにたいして高度に批判的な修道院運動もあります。文化生活の複雑からいわゆる《単純な生活》へと退いていく傾向を示している各種の分派運動もあります。文化的な関心がいちじるしくせまく、多くの芸術や文化生活の形態にたいする不信感をもっているピューリタニズムもあります。なかば禁欲主義的な見解をもっている敬虔主義もあります。さらに私たちはこれらすべての運動のなかには、精神的なものと文化的なものをあまりにも楽観的に同一視することから離れて批判的な立場をとる、まじり気のないキリスト教的な動機があらわれていることを否定することはできません。この批判的な路線は、キリスト教信仰と文化的な活動との関係を論ずる場合にいつでも、たしかに考慮に入れておかなくてはなりません。しかし、二つのことが考察されなくてはなりません。第一に、私たちは大部分のこれらの運動のなかに、キリスト教信仰から離れた、他の宗教的な力、すなわち、その実際的な結果として禁欲主義をもっている、二元論的な形而上学が本来そのうちにある新プラトン的な神秘主義が、この否定的な態度にたいしては第一義的に責任がある、ということを発見することができます。第二に、まじり気のないキリスト教的なものであるとはとうていいいがたい隠遁主義を別にして、他のすべての運動は、人類の文明のある部分にたいしては批判的ですが、他方、それ以外のいくつかの特色については、このうえなく積極的だということを私たちは否定すべきではありません。私たちは、ベネディクト派の修道院の人びとが、古代の古典文化の遺産を媒介伝達するために果たした役割を忘れるべきではありません。私たちは最も徹底的できびしかった修道院運動の一つであったクリューニーの運動の、すばらしい建築を見すごしにすることはできません。私たちはピューリタニズムの人道的、科学的な熱意とか、モラヴィア派のなかの中産階級の建築がもっている品位のある様式等々を、最高の賛辞をもって認めないわけにはいきません。

プロテスタント主義の役割についての誤解

さらに、これとの関連において、宗教改革の文化的な結果ということに関して広くゆきわたっている誤解を斥《しりぞ》けておくことが必要です。世界のある部分では、宗教改革の説教とか、マリアや聖人崇拝の廃止などを結果としてまねいた偶像破壊が、かなりの程度で、教会美術のはばをせばめてしまったことはたしかです。

しかし、宗教改革とピューリタン運動とは同じものと見られるべきではありません。また、組織化された教会の礼拝のなかで、どの程度まで芸術が採用されているのかということでキリスト教文化の密度が計られることがあってもなりません。私たちは、マルティン・ルターからヨハン・ゼバスティアン・バッハまでの、ドイツの教会音楽の形をとって、最もすぐれた文化的な創造の一つがおこったのは、実に初期のルター派教会の領域のなかだったことをけっして忘れてはなりませんし、イタリア・ルネサンスと等しい絵画の発展がおこり、レンブラントにおいて、ほんの僅かな人しかその名前をそこに刻みこむことのできない美術の最高峰の一つに到達したのは、まさに、カルヴァン主義的なオランダの土壌においてだったということをけっして忘れるべきではありません。さらに、ちょうどバッハがその全生涯を通して、彼の比較を絶した音楽の天才を神の言葉への奉仕のために集中し、しばしば、音楽とは神の栄光をほめたたえるための人間の企てにすぎないという考えを表明していたように、レンブラントも、聖書歴史の解釈をもってますます自分の主要な芸術的な努力としていった絵かきだということをも忘れられるべきではありません。

宗教改革以後の時代において、創造性が真にキリスト教的な人生観に従属しているような、このような実例は、詩とか、自然科学とか、学問、忘れずにつけ加えるなら経済や政治の領域などといった他の分野でも、これと並行して見られるのです。ヨハンネス・ケプラー〔一五七一―一六三〇〕とか、フーゴー・グロティウス、ジョン・ミルトン、寡黙なオレンジ公ウィリアム〔一六五〇―一七〇二、イギリス王ウィリアム三世のこと〕などといった名前、とりわけ、民主主義的な諸制度をつくるのにさいしてカルヴァン派の神学の大きな貢献などは、キリスト教の使信《メッセージ》のルター的・カルヴァン的な解釈が生きた信仰としてうけいれられたところでは、創造的な精神はけっして自分が妨げられているとは感じないで、むしろ、その信仰によって方向づけられ、刺激さえあたえられるということを実証してあまりあるでしょう。

ルネサンス以来の創造性の優位

近代世界において起こった、キリスト教からの進歩的な解放運動が、やはり創造性をちがって評価することによって、みずからを表現したということは容易に理解されうることです。私たちはこの新しい気質を、ルネサンスにまでさかのぼってたどることができます。そのとき以来、創造的な個人にたいして、以前にはけっしてなかったような、明るい栄誉の光がむけられるようになってきているのです。私たちは、創造性とは相対的なものであり、それには差があるということを忘れたくないものです。たとい、どんなにつつましいものであったとしても、ごく普通の人間でも、だれしもある程度の創造性をもっており、だれでも人は、自分の人生や環境や家に、自分固有のしるしを残すものなのです。創造性には最低限のものから、最大限のものまでの幅があります。私たちはこの最大限のものを天才とよぶのです。創造性が人生の宗教的な意味に従属させられていた時代には、この相違は強調されず、最高の天才も無名のままでいましたが、その反面、今日では創造性におけるこの異なった性格が重要なものとなり、創造的な才能をもった人間もしくは天才は、創作者の名前が自分の作品についているかどうかに気をつけるようになっています。栄誉の時代が始まっています。あるいはもっと正確にいえば、栄誉というものはもう偉大な将軍や政治家だけのためにとっておかれるようなものではなくて、芸術や科学や学問の領域において当然のこととなっているのです。ヴァザーリ〔一五一一—七四〕が有名な画家について、彼の辞典〔『すぐれた画家、彫刻家、建築家の生涯』一五五〇のこと〕をかくような時代なのです。

ルネサンスは、その点において、他の多くの諸点と同様に、まことにギリシア・ローマ的な古代の復興なのです。私たちはすでに、以前のこととの関連で、創造的な天才にあたえられる栄誉が、人格の理念の発達において演じた役割が、どんなにか重要なものであったかということを見てきました。ギリシアにおいては、創造的な個人は、まずはその人民のひとり、つまりその《都市《ポリス》》の一市民にとどまりました。近代の始まりとともに個人の栄誉の意味が変わってきます。千五百年間のキリスト教の歴史は古代においては知られていなかった個人の人格という感覚をうみだしました。個人は一個人として永遠の定めをもっています。キリスト教人格主義は古代と近代という二つの時代のあいだに横たわっています。しかし、ルネサンス以来、徹底した変化が起こってきました。最高度の強調点がおかれるのは、もはや人間そのものではなくて、創造的な個人にたいしてなのです。創造的な個人は、一般の群衆から歩みでて、それまでではくらべるものもないほどに強烈にスポット・ライトで照らし出されるのです。すぐれた巨匠の名前は全世界に広まり、彼らの栄誉はひじょうな心づかいをもって大切にとりあつかわれます。学芸、それ以上に科学の分野では、偉大な人物の競合は日常のことであって、どちらがえらいのかということを論争するようなみにくい形をとることも稀ではありません。人、人間存在であるということはたしかになにか意味のあることなのですが、有名な、すぐれた、創造的な人間であるということはそれよりもはるかにすぐれたことなのです。

ローマン主義における天才崇拝

これは、ますます重要なものになってきた創造性につけ加えられた一つの面にすぎません。創造的な要素は、ますます、人《マン》を人《マン》として、人間《ヒューマン》を人間《ヒューマン》として特色づける最高の基準となってきます。創造的な個性の発展は、教育の指導理念となります。ルソーのエミールは、その本来の個性を保存し、社会の因襲によってそれをそこなわれないために、孤独のなかで教育されます。本来性、基本的な根源性、《どのような価をはらっても》(à tout prix) 個性を、ということが合言葉となります。すぐれた個人を英雄として崇拝することが、私たちの時代の特色となっています。中世の人びとが、聖人の骨がうめられているいくつかの聖なる土地を巡礼したように、近代人は、すぐれた詩人や科学者が生き、そうして死んだ地点を巡礼し、偉大な天才の壮麗な墓が、この人物についてのいっさいのことが、彼の生活や活動がみられるようなところに建てられます。すぐれた詩人や音楽家、思想家、芸術家などに関する伝記的な材料はおびただしいものとなってきます。ゲーテの生涯における、ごく些細なことも、うやうやしく記入され、保存されるのです。天才崇拝が最高調に達したのは、とりわけ、ローマン主義の時代〔十八世紀末から十九世紀初頭〕です。シェリングによれば、そのなかで神とひとしい、神的な自然の創造性が頂点に達するのは、まさしく創造的な心、天才のなす業《わざ》なのです。天才の創造的な業《わざ》において、《あらゆることをひきおこす、世界の聖なる、永遠に創造的な神的な力》(1)が、どっとあらわれてくるのです。創造的な天才は、創造的な神性の最高の表われなのです。後期のローマン主義哲学者の書物のなかで私たちはそのようにいわれているのをよむのですが、天才的な人間は、人類史の悲劇の幸運な解決なのです。(2)天才は世界精神の発現なのです。ベートーヴェン〔一七七〇—一八二七〕はいっています。《音楽はあらゆる知恵や哲学にもまさる、高度の啓示である。》

(1) シェリング『自然にたいする造型美術の関係について』全集Ⅶ・二九三ページ。

(2) エーミル・ルッカ『天才の諸段階』一九一ページ。

このような天才の形而上学的な解釈は、私たちの時代においては稀になってきてはいるものの、私たちは段階的な価値体系のなかでのあの変化によって、たしかに影響されています。そのような価値体系によれば、人間の創造性、才能のある人間、天才は最高の位置を占め、人間の価値を定める尺度であり、基準なのです。天才的な人間は、したいことをしてもよいのであり、自分の生産的な仕事のために必要だと思われることはなんでも、することがゆるされるのです。天才であるということは、いっさいのことにたいするいいわけになるのです。道徳的な基準を天才的な人間に適用することは、俗人の心のせまさのしるしだと思われてしまいます。創造的な人間には特別な十戒があって、その第一戒は《私は創造的である。それゆえ、私は自分がよいと思うことはなんでもすることができるのだ》ということなのです。私たちはここで、一種のニーチェ的な権力道徳をもちます。道徳は大衆にとってはよいものかもしれませんが、偉大な、例外的な人間にはあてはまらないのです。実際問題として、ニーチェの貴族主義的な超人論は、自然主義的な政治権力の概念と同様にローマン主義的な天才崇拝に起源をもっています。一つが他のものといっしょになり、一つが他のものを助けるのです。しかし、ここで価値をひきさげられているのは道徳だけではなくて、宗教も価値をひきさげられているのです。自分自身、神であるものは宗教を必要としません。人間は自分自身において神的なのです。彼は頭を下げるべきではありません。創造性が宗教的な要素ととってかわります。次のようなゲーテの文章のなかで表現されているのはそのようなことではないでしょうか。《科学と芸術を所有するものは、宗教をもつ。それらをもたないものは、宗教をもっているといえようか。》創造的な精神は、道徳の代用品であるのと同様に、宗教の代用品でもあるのです。生産性そのものが、人生の意志であり、原理となっているのです。

形式主義への傾向

この価値秩序における変遷は、致命的な結果をうみださないわけにはいきませんでした。私はここで以前に申しあげたこと、つまり、創造性の観点からみられた文化も、創造性そのものも、第一義的には形式的な現象だということを思いおこします。創造性そのものは、内容とは無関係です。それはどのような内容においても自分をあらわすことができるのです。仕事が独創的、創造的で、天才の仕事であれば、その仕事の内容はどうでもいいのです。有名なマネ〔一八三二―一八八三〕の《梨》は、システィナ礼拝堂におけるミケランジェロのフレスコ画とまったく同じように第一級の絵画です。創造的な天才は、ドガ〔一八三四―一九一七〕の《踊り子》においても、放蕩息子のたとえ話についてのレンブラントの彫版画においてもみずからを示すことができます。そのことは議論の余地もないほど明らかなことなのですが、創造的な要素と内容とがむすびつかないということは、致命的な展開を暗示しています。それ自身の形式主義の論理にしたがい、それゆえ、内容についてふれることを軽んずる創造性は、ますます内容が失われて、うすっぺらな形式主義になっていきます。私たちは、もちろん、マネが梨を画くことにおいて、ゴヤ〔一七四六―一八二八〕が有名な一片の生肉を画くことにおいて芸術家として十分に真剣であったことを信じています。いずれの作品も、絵画にたいして感受性をもっている人をだれでも喜びと称讃の念をもってみたす第一級の作品です。だが、それでも、天才崇拝に屈したくない者は、だれしも《この絵はいったいどこへ導いていくのだろうか。このような美術は純粋な抽象化、生命のない形式主義に終わらざるをえないのではなかろうか》といった問いにわずらわされるでしょう。

これだけが、きたるべき時代を暗示するものではありません。ひとたび生産性が人生の意味であるという信念が確立されると、この観点が人間の生産の低次の領域に転移されるのをくいとめることはできません。とくにそれは、美術や科学に、すくなくとも熱情的な関心をもつとか完全に自己を没入するとかといった意味で、積極的に、あるいは、鋭敏な感覚をもって参加するということは、ただ少数の人びとにとってだけ可能だからなのです。生産性が人生の真の意味なのだという合言葉は大部分の人びとを他の分野、つまり、毎日のさしせまった必要や関心と密接に結びついている生産の分野、経済的な生産に仕えるための機械的・技術的な発明の分野へと向けてしまいました。

それは、人生の唯物的、量的な理解と一致します。そこにおいては、技術の発明家は創造性の象徴として称讃され、新しい機械は進歩の尺度となります。エディソン〔一八四七―一九三一〕は最も偉大な創造的な精神だと考えられます。人間が自然の創造主とのいわば競合関係にはいるのは、この技術的な発明の領域なのです。人間は建築と技術とによって、人の手になる世界、自然のうえを新しい表面といったものでおおって、それをうまくかくしてしまうような人工的自然をつくりだしています。あのバベルの塔の動機が最も明白にうかがわれるのはまさにここなのです。人間という造り手が、神という造り手と競合するものとして立っているのです。たしかに、技術や建物は、なにをさておいても、じっさい、役に立つものなのです。巨大な超高層ビルを建てる大金持は、概していえば、ローマン主義的ではなくて現実主義者であり、この建物でどのくらいもうかるかということを正確に計算しているのです。さらに、彼の超高層ビルは、高価な都市の財産やなけなしの空間をつかうというたいへんな犠牲をはらってうみだされる建築の形態です。しかし、これとまったく同じく、バベルの塔の物語を念頭においている、自分が巨大な存在であると考えるあの危険な反逆心が表現されるのは、まさにこの建築の構造においてなのです。たぶん、建てる人個人としてはそうでもないでしょう。しかし、これらの巨大な建物が地面からそそりたっているのを見たり、最も大きな河に橋がかかり、大西洋を一日の飛行で横断し、広島の町が一発の爆弾で破壊されるというようなことを見る世代は――それは神のような力を感じる誘惑にさらされているのです。

人間は、疑いもなく、やることのすべてにおいて根本的に、多くの仕方において、創造主である神の業《わざ》に依存しています。人間が材料を手に入れるのは自然であり、また、人間はそれに気がつかないのですが、しばしば自分の生産についての指導理念をうるのも自然からなのです。人間はけっして静力学と動力学の法則から自由になることはできず、自分をそれにあわせなくてはなりません。しかし、人間は自分自身がなにかをつくりだす場合、彼が神のつくったものに依存していることを忘れて、その創造性において自分自身の実存の創造者であるように感じる大きな誘惑があります。私たちは《人間は自分の存在を、自分自身にたいしてだけ負う場合に自由である》と、カール・マルクスがいっているのを聞きます。人間は人間のつくった構造や機械類のあいだで、彼の人工的な実在性において生活すればするほど、自分が自分自身の創造者であるという印象をますます強くうけるのです。これがカール・マルクス、すなわち、人間というものを経済的な意味での生産者としてしかみなかった人物がのべたものであることは、偶然なことではありません。

これは技術や生産性というものが不可避的に人間を神から遠ざけるということを意味するものではありません。最も創造的な心をもった人でも、そうして、全面的に機械類や人のつくった環境のなかで生きなければならない人でも、神を意識しつづけることが《できる》し、なにをするにしても神の栄光のためにすることが《できる》のです。人間の創造性と人の手によってつくられた実在性は無神性の理由でも原因でもなく、大きな誘惑なのです。人間は創造的であればあるほど、創造主と自分自身とを混同するように誘惑されています。危険なのは、創造的な人間が自分を巨大なものと考える反逆心なのです。彼は自分の創造性を感じ、一種の神秘的な忘我の状態のなかで有頂天になり、自分を神だと考えてしまいます。人間をほろぼすものはあの昔ながらの《高慢《ヒューブリス》》(ὕβρις)の現象、人間が自分の限界を忘れることなのです。

自律の要求は文明を全体主義の領域へ分解する

これまで私たちは創造性そのものについて語ってきました。私たちが、それが近代世界のなかでおこっているのを見て知っているように、キリスト教信仰から離れていくことは、人間が生産的な生活をしている他のちがった分野の関係においても影響をあたえているのです。私たちがいまとりあつかっている現象は、文化と文明の自律への傾向なのです。教会の保護から自由な人間文明へと規定されている近代人は、その目的のためには、また、キリスト教の啓示の優位性からも文明を解放しなくてはならないと考え、それゆえ、自律のプログラムを宣言するのです。これが世俗化、この世性への決定的な一歩なのです。超越的な領域にある文化の根は切りとられ、文化と文明とは自分みずからのうちに法則性と意味とをもたなくてはならないのです。

さて、この問題をとりわけむずかしくすることは、人間の文化と文明のあらゆる支配が、疑いもなく、自分の内在的な法則をもっているということなのです。数学のように、すべての科学は自分自身の原理、規範、基準をもっています。それらは、たしかに、神の啓示からは学ぶことはできず、また、学ぶべきではなくて、問題そのもののなかに内在し、そのなかにはいりこむことによって学ばれなくてはなりません。それは、学芸であっても、工業技術であっても、政治学や経済学であっても、いかなる分野の技術、手法にもあてはまることなのです。これらのおのおのの分野においては専門の知識は必要ですし、その専門の知識はキリスト者であろうと、非キリスト者であろうと、だれにとっても同じものなのです。強盗にあった人を手当した、よきサマリヤ人でさえ、キリスト教的な愛に由来するのではなくて、実際的な経験に由来する専門的な知識を問題としなくてはなりません〔ルカ一〇の30―37参照〕。信仰と愛は専門的な知識を不必要なものとはしません。よきサマリヤ人の場合には、両者はなんら衝突することなくいっしょになって作用しています。専門的な活動に刺激をあたえてそれをはげますのは愛です。真剣に愛している者が学んで応用したいと考える、よきサマリヤ人となるための技術があります。そこで、科学と技術の自律の原理は真理にもとづいていますが、それは半面の真理にすぎないのです。

もしも、そのような自律が、なにかしら自分にもとづいて立っているものを意味していると理解され、より高度の一致に適合しないで、なにものにも従属しないことを求めるならば、それは半面の真理であるというどころではなくて、致命的なまちがいなのです。最良のサマリヤ人の技術も、もしも愛が、助けようという意志が、それを使用するように人間を動かすのでなければ、なんにもならないのです。文化がキリスト教から離れてしまうことによって、文化もしくは創造的なより高度の単元に従属する必要はないのであって、自分自身の資源にもとづいて生きていくことができるという、致命的にあやまった信念をうみだしました。キリスト教が過去何世紀にもわたってどれほど不寛容に文化を束縛してきたか、ということを考えるなら、文化のいわゆるキリスト教的な保護が拒否される激しさは理解できないものではありません。これはとりわけ、科学の分野で明白です。教会の教義《ドグマ》が科学的な努力を閉じこめていた狭い境界線は何世紀にもわたって科学の発達を束縛してきました。このような神学的な保護からの科学の解放が、激しい仕方でおこったのも不思議はありません。それは今日にまで尾をひいている深い憤激をあらわにしています。道案内をして氷をわったのは哲学でした。科学、芸術、経済思想、政治思想の発展がそれにつづいていったのです。この傾向はどこででも同じようなものです。教会的、神学的、キリスト教的な諸前提からの解放――自律！

無条件の自律の要請ということは、最も重要なこと、すなわち、人間生活の統一という事実を説明してくれません。なんのために、とか、どういう意味があるのか、などといった質問には全体主義的な性格をもっています。意味は、前講で見ましたように、全体性なのです。人間生活のすべての分野は、意味あるものとなるために、意味の統一のうちにもたらされなくてはなりません。意味の統一はそれらのどれ一つをとっても、それ自体のなかにはありません。意味の統一は人間と自然との統一が基礎づけられる原理、すなわち、神の意志においてだけあります。近代初期の何世紀かは精神的な指導者たちはいまだそのことを知っていました。彼らは文明を神から解放しようとは望まず、ただ教会から、そうしてまた、とくにキリスト教的な形態をもっている宗教から解放しようと考えただけなのです。彼らは文明の基礎としての神学を棄てたいと思ったのではなく、合理的、自然的な神学を求めていたのです。時の流れのなかではじめて、キリスト教の啓示を別にして、堅固な基礎をあたえるような自然神学は存在しないということが明らかになりました。哲学の学派はそれぞれ独自の《合理的神学》をうみだし、形而上学的な混迷がひじょうに大きくなったために、神学的な基礎についての問いはひとまとめに棄て去られてしまいました。文明の自律のプログラムが徹底した、まったく世俗的な意味で理解されたのはそれからなのです。その結果はどういうことになったでしょうか。

第一に、異なった分野がばらばらになってしまいました。新しい時代は文化的生活の部門化を経験しました。科学は芸術と無関係に発達し、芸術や経済生活や国家も同じような道をたどりました。文明の自律のプログラムのなかにふくまれているプログラムは必然的にお互いに結びつきのない専門化をうみだしました。しかし、これはもっと根本的な変化の外見的なことにすぎません。おのおの分野はしだいにその意味を失ってきたのです。自律の要請によれば、科学や芸術や経済や政治などの意味は、個別に他から切りはなして探究されました。しかし、自律の要請は、それが全体的であるということを意味することにより、これらの各分野において、それ自体において全体であろうとする試みをひきおこす結果となりました。このような仕方で、いろいろな《主義《イズム》》がつくりだされました。つまり、科学的な全体主義としての《主知主義》、芸術の全体主義としての《耽《たん》美主義》《経済主義》そうしてついには、これらすべてのもののなかで最も危険な政治的な全体主義がつくりだされたのです。

主知主義と耽美主義とはまだ精神的な遺産と基盤とをもっています。主知主義は科学の全体的な要求にもとづいています。さて、科学はすぐれて精神的なものですから、そのあやまった自律の、科学的全体主義の致命的な影響はそんなに急速にはあらわれません。他方、科学は専門化が最も急速にすすんだ分野でもあります。最近数世紀のすさまじい専門化によって、これらの科学のいずれの一つにおいても意味を見ることは困難になりました。

さらに、科学的な活動は私たちの精神的な機能の一つ、つまり、知性にだけもとづいているので、人間の心がどんどん不毛になり、変形していくことは、このうえもなく烈しい仕方であらわれないわけにはいきませんでした。そうして、最後に、科学の進歩は、それ自体、人生に意味をあたえることはできないことが明らかになりました。なぜなら、科学はけっしてなんであらねばならないか、ということをはっきりいわずに、ただ、なんであるか、ということを宣言するだけだからなのです。科学は事実を記述し、説明するにすぎません。それは意味へ近づく道をもってはいないのです。

耽《たん》美主義のほうは多くの方法において、よりよい好機をもっていました。というのは、芸術は人の心と魂にたいしてきわめて多種多様な要求をもっており、その破壊的な全体主義的な要求の影響がそうやすやすとはあらわれないほどに、人間の心情の深みを動かすことができるからです。芸術は科学のような専門化の経過をかつて経験したことはありませんでした。しかし、耽美主義はそれなりの固有の悪をうみだしました。まず、芸術が人生の意味だなどということを信ずることができたのは、ほんの少数の人びとだけでした。なぜかといえば、芸術の世界は実際的な日常業務からはあまりにもはなれてしまっているからなのです。さらに、芸術が《芸術のための芸術》という原理において、その自律を宣告し、人生の他の部分から自分を引きはなせばはなすほど、それはますます、空虚なものになっていくのです。自律の必然的な結果である、内容と形式の分離は、極端な形式主義において自分をあらわさないわけにはいかなかったのであり、それゆえ、ますます不毛なものになっていかないわけにはいかなかったのです。最後に、人生哲学としての耽美主義は道徳的、社会的な無政府状態、つまり、混迷へと不可避的に立ちいたらないわけにはいきません。これが、他のどのような国よりも耽美主義の教えに追従する傾きがあったフランスの弱さをうみだした原因の一つではないでしょうか。

この経過の継承者、政治的全体主義

経済や政治の分野での全体主義の影響ははるかに明白で、非道なものです。経済生活の解放は、十九世紀と二十世紀の西洋世界、とくに圧倒的にゲルマン的、アングロ・サクソン的な国民の多い国々でひじょうに特徴的である、経済的な動機の典型的な解放へと導いていきます。この進歩発展を明らかに表明するものは、私たちが資本主義制度や、《マンチェスター学派の自由主義》〔一八四五－七五頃に主張された商業上の自由放任主義〕などと結びつけるのをつねとするような考え方だけではなく、マルクス的な汎経済主義における、それへの反動でもあるのです。マルクス主義と資本主義はふたごの兄弟であり、同じ経済的全体主義から生まれた子供なのです。それは、最近の数世代において西洋人の心を捉えることによって、西洋社会にひじょうに深い損害をあたえ、残忍非道なもの、不毛なものにしてしまったのです。資本主義とマルクス主義の汎経済主義によってうみだされた魂の荒廃と人間生活の欠陥はいいあらわすことができないほどのものです。

(1) カルヴァン主義が近代資本主義の根源の一つである、というマックス・ヴェーバーの人を驚かすような理論は、エルンスト・トレルチ〔一八六五－一九二三〕によって支持され、神学者その他によって広く受けいれられているが、これはきびしい批判をうけ、その元の形では支持されることはできない。この件についてはR・H・トーニ〔一八八〇－一九六二〕の『宗教と資本主義の発生』によってもっと慎重な陳述がなされている。とくに一九三七年版への彼の序文（xi－xivページ）参照。

一九一七年に始まる主義国家の形成以来、政治的な全体主義が私たちにやってきたことは、さらに、それらをはるかにこえるようなことなのです。私たちが今日、全体主義とよぶものは、全体主義的な原理の《一つ》の形態にすぎません。それはこの原理を国家と政治に応用したものなのです。政治的全体主義はこのより大きな文脈のなかでみられる必要があります。それは自律の原理の不可避的な産物の《一つ》なのです。しかし、それはまたその原理の過ちが最も明らかになる一つのものでもあるのです。それは他のすべての全体主義にもまさって危険なものです。なぜなら、それだけに、強制という要素が結びついているからなのです。人生の意味を芸術のなかに見ている耽美的なものは、自由の責任でそれをやっており、他の何人でも自分の過ちにあずかることを強制することはできません。しかし、全体主義的な国家は、あたかも国家が人生の意味であるかのように、あたかも国家が神にだけ属する、なくてはならないいっさいのものをそなえているかのように生きるべく、あらゆる人びとを強制する、意志と権力を共に所有しているのです。しかし、私たちはこの全体主義国家という怪物について考えてみるときに、私たちはそれがだれの子供かということをけっして忘れてはなりません。それはキリスト教信仰から文化を解放しようと試みた結果形づくられた自律のプログラムの産物なのです。もしも、この自律と全体性の原理が国家によってとりあげられるとすれば、国家はただちに全体主義の独占を主張——しかも効果的に主張——するのです。全体主義国家は、みずからを承認されている唯一の有力な宗教として、政治的全体主義の似《え》而《せ》非宗教として確立するために、自分の最も危険な競争相手である本物の宗教を始末してしまうように、主知主義とか耽美主義などといった競争相手の似《え》而《せ》非宗教を始末してしまうのです。しかし、それは経済的な要素を、たといそれが全体主義的な《経済主義》であるとしても、みなさんがそれをお好みのままに、全体主義的な国家社会主義とよぼうと国家資本主義とよぼうと、ともかくそういう条件をつくりだすことによって、自分のなかに組みこんでしまうのです。そうして、これはただ自由と人間性の終わりであるだけではなく、また、すべての真の創造性の終わりでもあるのです。精神的な創造性と、集産主義的な独裁制とは互いに相容れないからです。

　人は重大な結果をまねくことなしに、神のなかにだけある、あの統一を自分の人生から引きはなすことはできません。もしそのようなことをするとしたら、結果はさまざまな分野で自律と全体主義とが宣言されることになりましょう。しかし、これらの異なった全体主義が争うなかで、政治的な全体主義は、それだけが強制力、つまり自分の気に入らないものを禁じたり、抹殺したりする力をもっているので、他のすべての全体主義をえじきにしてしまうのです。それは議論と精神力の自由競争を機関銃と強制収容所をもって置きかえます。そのような仕方で、血なまぐさい権力の自動操作が創造的な精神にうちかつことによって、それは創造的な生活をすべて破壊するのです。

神律は領域を統合し、あらゆる種類の全体主義を排除する

もう一度、キリスト教信仰のなかで見られているような創造的な人間に立ちもどることにしましょう。人間を自分のかたちに創造した創造主である神は、人間に創造力をあたえました。人間が自分の創造主を認めるところでは、彼は自分が神のようには無から創造することはできず、それゆえ、彼の人間的な創造性は、限度内において、法則性にしたがって、神があたえる材料に依存して起こる、神の創造性の模倣にすぎないことを知るのです。神が、創造主として認められるところでは、人間は神の被造物の究極的な意味は、すべての生命の意味と同じ、神の栄光と人間の奉仕であることを知ります。もしも、彼がこの限度内にとどまるなら、人間の活動のあらゆる分野はそれ自身の権利と性質を維持するのです。さらに、それぞれは、自分の限度内でそれらを維持するのです。これはとくに真実ですし、彼らすべてにとって最も危険なもの、すなわち、そのときには神の法の支配のもとにおかれ、その機能の限度内にとどめられている、国家との関連において、とくに重要なのです。そこで、国家は人間生活の僕《しもべ》にすぎないのであって、主人ではありません。そのいわゆる主権は、厳密に神からあたえられている国家目的によって制限されており、個々の国家の《主権》は、他のすべての《主権》国家の同等な権利によって制限されています。すなわち、危険な主権の原理は、内的、外的に神の主権によって制限されるのであり、それによって正当な関係が維持されるのです。

自律の原理が、創造主への信仰と置き換えられるところでは、人間生活におけるこの統一と秩序はばらばらになってしまいますし、ついには、統一者の代用品としての国家は、すべての人の権利をうばいとり、地上における神の役割を果たすのです。それは、汎経済主義や技術支配と結びつくときにはいっそう効果的におこなうことができます。そのさい、自分をその国家と同一視する人間は、他の人びとにたいする無限の権力と権威を手中に収めることにより、自分が神であり、自分自身の実存の創造者であると信ずることができるのです。この全体主義的人間は、たいていは、人類を踏みつけ、むさぼる、黙示録の怪物なのです。そうして、全体主義国家は、この現時点において、私たちの文明の最も緊急な問題です。

なぜなら、文化、文明の非キリスト教化——最近数世紀の主要な特色なのですが——がどこへ導いていくのか、ということが明白になっているのは、まさしく、この現世代においてであるからです。それゆえ、人類は私たちの時代においては、以前のどの時代よりも、次のような二者択一に、すなわち、近代のこの道、つまり真に人間的なものをまったく抹殺し、たぶん、その完全な身体的な絶滅にさえも導いていく、キリスト教の真理からの解放の道にそって歩みつづけていくか、それとも、正義と真理と愛の源、すなわち、そのなかにだけ救いの力がある、正義と真理と愛の神にまで立ちもどるかという《あれか・これか》に直面しているのです。

訳者あとがき

エーミル・ブルンナー（Emil Brunner, 1889–1966）は現代スイスの生んだ世界的なプロテスタント神学者である。小学校教師を父とする彼はチューリヒ、ベルリン等で神学を学んだ後、宗教社会主義者としても知られるレオンハルト・ラガーツの指導の下に学位論文『宗教的認識における象徴的なもの』（*Das Symbolische in der religiösen Erkenntnis*, 1913）を完成、バルト、トゥルナイゼル、ゴーガルテンなどとともに第一次大戦後の混迷の時代に弁証法神学運動を推進し指導的な役割を果たした。とくにこの新しい神学運動をアングロ・サクソンの世界に紹介普及させることに貢献した。一九二一年以来、チューリヒ大学で私講師、教授、総長として教鞭をとったが、一九五三年、新設の国際基督教大学（東京・三鷹）の教授に就任するようにという招請をうけると、その職をなげうって夫人およびその前年鉄道事故で亡くなった末子トーマスの婚約者だったイリス・ブルンとともに来日、一九五五年、日本をはなれるまで献身的な日々をおくった（中沢・川田編『日本におけるブルンナー』一九七四年〔新教出版社〕を参照）。帰国の途上、船中で脳溢血にたおれて下船して以来、帰国後もたびたび脳溢血にたおれながら、一九六〇年に『教義学』第三巻（『教会・信仰・完成に関するキリスト教教理』*Die christliche Lehre von der Kirche, vom Glauben und von der Vollendung, Dogmatik*, Bd. III.）を出版して全三巻の体系的著作を完成。一九六六年四月六日七十六歳で死去、葬儀は彼が説教者として奉仕をしていたフラウミュンスター教会で行なわれ、墓石には《主の霊のあるところには、自由がある》（第二コリント三の17）というパウロの言葉がきざまれている。

ブルンナーの神学思想の中心は、一九三八年に出版された書物の表題ともなっている《出会いとしての真理》ということである。これはエーブナーやブーバーなどの《われとなんじ》の思想と同一の系列にあるものであるが、それをキリスト教的な真理概念に適用したところにブルンナーの独創性がある。キリスト教的な真理は人格的な真理であって、客体化されることを拒否する権利をもつ主体的な真理である。したがって、それは《主体・客体関係》において実証的に把握される《名詞的真理》ではなくて、《主体・主体関係》において実存的に把握されるべき《動詞的真理》にほかならず、それは《人格的な出会い》において出来事として私たちにかかわる真理を意味する。この主体と主体の出会いという一点をはずれるやいなや、神学は主体と客体の図式に陥ることになり、客体に重きをおく場合には《客観主義》（ブルンナーは一九三二年以後の『教会教義学』のバルトにその危険性を見る）になり、主体に重きをおく場合にはそれとは逆に《主観主義》（ブルンナーは一九四一年以後のブルトマンの非神話化論にその危険性を見る）になってしまう。その意味でブルンナーは自らの神学を神学史的に客観主義と主観主義の間に、現代的にはバルトとブルトマンとの間に位置づける。教義学的体系を完成したブルンナーの最後の著作が、一九六三年に出版された『出会いとしての真理』（*Wahrheit als Begegnung*, 1963^2）の増補版（約六〇ページ書きたしている）であったことは、彼がこれにどれほど愛着を感じていたかを示しているものといえよう。

　さらにブルンナーの神学思想の特色を示すものは、彼が象徴的に二人のスイスの先輩であるツヴィングリとペスタロッチからうけついだ戦闘的なまでの《伝道的な性格》と、きわめて行きとどいた《教育的な性格》である。ツヴィングリの主著『真の宗教と偽りの宗教についての解説』（*Commentarius de vera et falsa religione*, 1525）の表題が示しているように、彼の積極的な関心は虚偽にたいする真理の積極的な解明ということであり、実際に彼はそのために剣をとりカッペルで戦死をしている。このツヴィングリの姿は、《争論学《エリスティーク》》という形で真理の戦闘的な論証を主張し、極東の異教国にまで旅行者としてではなく、滞在者として到来し、傷つき倒れたブルンナーの姿とは不思議に重なり合ってくる。小学校の教師を父にもち、日本に滞在中もペスタロッチ会を組織したブルンナーは、またすぐれた真理の探求者であったばかりではなく、すぐれた真理の伝達者、教育者でもあった。歿後、その弔慰金のすべてがチューリヒ湖のぞむボルデルンの職業別退修館《ハイムシュテッテ》とウンターシュトラースの学校教師セミナーにおくられたことは、生涯を専門の牧師だけではなく、一般信徒の教育に心を用いてやまなかったブルンナーにふさわしいことであったといえよう。そうしてブルンナー神学のこのような特色が、一九三四年の神の啓示と人間の《結合点》をめぐる神の像《イマゴ・デイー》論争、さらには戦後の共産主義にたいする態度をめぐって、思想的系譜においてはもっとも近いはずの同国の神学者バルトとのいちじるしい相違をうみだしたのである。

バルトが一九二七年以後の年月の大部分を教義学という体系的著作の完成に投入していったのにたいして、ブルンナーはむしろその時その時の問題を一つずつモノグラフィーの形でとりあげ、最後のまとめのような形で体系的な著作を残している。これもブルンナー神学のあの特色によるものだといえよう。その結果、ブルンナーはだれよりも早い時期に弁証法神学の立場にたったシュライエルマッハー批判をあらわし（一九二四年）、啓示信仰の立場からなお理性的な宗教哲学が可能であるとすればそれがどのようなものになるかを示し（一九二七年）、本格的なキリスト論（一九二七年）、キリスト教倫理学（一九三二年）、人間学（一九三七年）、キリスト教社会倫理学（一九四三年）、人格共同体としての新約聖書的な教会《エクレーシア》と制度的教会《キルヒエ》との区別を強調した教会論（一九五一年）、末子の不慮の死によって実存的な必然性をもってとりくまざるをえなかった終末論（一九五三年）などをあらわしていったのである。本訳書もまた弁証法神学の立場にたったキリスト教文明論（一九四八年）である。神の啓示を人間の経験にたいして強調する弁証法神学を端的に反文化的と特色づけていた時代に、いったいだれがこの立場にたった文明論がうまれることを予想しえたであろうか。しかも、これはたんなる知的な興味の所産としてうまれたものではなくて、第二次大戦後のヨーロッパの荒廃とうめきとを正面からうけとめた、一人の神学者の再建への願いをこめたキリスト教文明論なのである（なお、ブルンナーの人と思想についてよりくわしくは、大木英夫著『ブルンナー』一九六二年〈日本基督教団出版局〉を参照。この書物はくしくも十二月二十三日、ブルンナーの満七十三歳の誕生日に出版されている）。

ブルンナーが一九四七年の二月から三月にかけて、スコットランドのセント・アンドルーズ大学において行なったギッフォード講演は、翌年『キリスト教と文明〔第一部・原論〕』(*Christianity and Civilisation. First Part: Foundations.* London, Nisbet & Co., LTD. 1948) として出版されたが、本書はその全訳である。ブルンナーは一九四八年三月にも同じセント・アンドルーズ大学で再びギッフォード講演者として招かれ、第一部を補足するような一連の講演をしており、それは一九四九年に『キリスト教と文明〔第二部・特殊な諸問題〕』(*Christianity and Civilisation. Second Part: Specific Problems.* New York, Charles Scribner's Sons, 1949) として出版されている。この《ギッフォード講演》というのは、ギッフォード侯アダム・ギッフォード (Adam Gifford, 1820-87) が寄贈した資金によってスコットランドの各大学で行なわれる神学講座のことで、《最も広い意味における自然神学、すなわち神知識と倫理の基礎についての研究を促進、発展し、教えを広める》ことを目的とするといわれる。プロテスタントの神学者としてはブルンナーのほか、バルト、ブルトマン、ラインホルト・ニーバーなどが招かれており、カトリックでもジルソン、ドーソン、マルセルなどが講演者となっている。すでにふれられたように『キリスト教と文明』は第二次大戦によるヨーロッパ文明の崩壊の危機を正面からうけとめながら、キリスト教こそ、――より正確にいえば《宗教改革の神学的伝統のなかで理解されている、新約聖書の福音》こそが文明の形成にたいして決定的な要因となりうるという確信にもとづいて展開されたキリスト教文明論である。しかし、このように理解されたキリスト教は動的・生命的なものであって、静的・固定的なものではない。それは《正統的な聖書主義にたいしても、自負にみちた排他的な信条主義にたいしても……批判的であり、しかも、世界教会的《エキュメニカル》な態度》をふくんだものなのである。宗教改革の神学的伝統に立つブルンナーの文明論は単純に中世的なキリスト教世界《コルプス・クリスティアーヌム》の回復を意味することはありえないし、近代の自由主義神学のゆきづまりを批判、克服しようとした弁証法神学運動の推進者であった彼が近代的な意味での文化的キリスト教の再建を志すはずもないのである。むしろ、彼はどのような文明のなかにも人間実存の問題が超文化的な前提として横たわっていることに注目し、この《人間の問題》にたいして、キリスト教信仰がそれ以外のものが与える解答とくらべてもっている独自な貢献を明らかにしようとするのである。第一部の《原論》はそれを次の諸点において解明する。

Ⅰ　序　論――キリスト教文明の問題
Ⅱ　存在もしくは実在の問題
Ⅲ　真理の問題
Ⅳ　時間の問題
Ⅴ　意味の問題
Ⅵ　宇宙における人間
Ⅶ　人格と人間性
Ⅷ　正義の問題
Ⅸ　自由の問題
Ⅹ　創造性の問題

また、本訳書には含まれていない第二部の《特殊な諸問題》は次の諸点において第一部を補い、展開している。

Ⅰ　技　術
Ⅱ　科　学
Ⅲ　伝統と革新
Ⅳ　教　育
Ⅴ　労　働
Ⅵ　芸　術
Ⅶ　財　産
Ⅷ　社会慣習と法

Ⅸ　権　力

Ⅹ　キリスト教の文明観、文化観

結　語——文明を超えるキリスト教

本訳書における小見出しは、原書の目次に含まれているものを本文中に適宜ふりあてたものであり、聖書の引用は原則としては日本聖書協会版口語訳を用いた。

最後にひと言、私事にわたることをのべることをおゆるしいただければ、訳者は原著者が東京滞在中に東京神学大学の大学院において親しく教えをうけたものの一人である。その後、訳者のドイツ留学中に結婚式の司式をしていただき、また休みのたびに留学先のハイデルベルクから私たち夫妻を自宅に客人としてよんで下さったのもブルンナー先生であった。一九七四年夏、ニューヨークのユニオン神学大学での客員教授の任を終えて帰国の途中、結婚十五年目の記念日に式をあげていただいたチューリヒのフラウミュンスター教会を家族一同で訪れ、先生の墓前に詣で、チューリヒ郊外で静かな日々を送っておられるマルガリット未亡人にお会いして帰国し、最初の仕事としてとりくんだのがこの翻訳である。今ブルンナー先生からうけた多くの感謝すべき負い目の一端を、このような形でいくぶんなりとも果たしうることをうれしく思う。

本書は1975年3月,に小社より刊行された

キリスト教と文明《新装復刊》

二〇〇一年 六 月 五 日第一刷発行
二〇〇四年 六 月三〇日第二刷発行

訳 者 © 熊《くま》沢《ざわ》義《よし》宣《のぶ》

発行者 川 村 雅 之
印刷所 株式会社 精 興 社
発行所 株式会社 白 水 社
東京都千代田区神田小川町三の二四
電話 営業部〇三(三二九一)七八一一
編集部〇三(三二九一)七八二一
振替 〇〇一九〇—五—三三二二八
郵便番号一〇一—〇〇五二
http : //www. hakusuisha. co. jp

松岳社（株）青木製本所

ISBN4-560-02430-8

Printed in Japan

■アルベルト・シュヴァイツァー
遠藤彰／森田雄三郎訳
イエス伝研究史 全3巻

過去の数々のイエス伝の歴史的実証的業績をシュヴァイツァー独自の見解、すなわち「徹底的終末論」によって検討しなおした壮大な研究史。イエス伝解釈を生き生きと浮き彫りにする歴史的思想的記述が、博士自身の「イエス伝」になっている。

定価14700円〔分売不可〕

■ゲオルク・ヴィルヘルム・フリードリヒ・ヘーゲル
細谷貞雄／岡崎英輔訳
キリスト教の精神とその運命

ヘーゲルの初期神学論集。イエスの福音に哲学的釈義を加え、教会と国家、礼拝と実生活、篤信と徳行、聖職と世俗とが決してひとつに融合しえないというキリスト教全体の運命を詳論する。愛の精神におけるユダヤ的運命との和解という思想の限界を見据える。

定価2520円

■ドミニク・フォルシェー
菊地伸二／杉村靖彦／松田克進訳
年表で読む 哲学・思想小事典

古代ギリシアから現代まで、二五〇〇年間の人類の精神的遺産を年代順にたどった哲学・思想史。事項の機械的な配列ではなく、〈背景知識〉〈思想解説〉が置かれ内容理解が容易。詳細な索引（キーワード、著作名、人名）も付いたコンパクトな基本事典。

定価2940円

■ニーチェ　西尾幹二訳　吉本隆明解説
偶像の黄昏／アンチクリスト

ニーチェ発狂直前に書かれた最晩年の著作。力への意志を生の原理として捉え、神なき近代精神の本質を追求する。幻の書『権力への意志』構想中に書かれた両著は、ニーチェ理解に不可欠。

【イデー選書】定価2415円

■キルケゴール　松浪信三郎／飯島宗享訳　池澤夏樹解説
死にいたる病／現代の批判

絶望のあらゆる兆候、罪のあらゆる形態を分析し、人間の本質を追究した『死にいたる病』と、身近なたとえ話と鋭い諷刺をもって病める現代を浮き彫りにした『現代の批判』を収録。

【イデー選書】定価2415円

定価は５％税込価格です．

重版にあたり価格が変更になることがありますので，ご了承ください．

（2004年6月現在）